目　录

Journal of Language Planning
No. 1 2016
Main Articles

语言规范与标准

普通话审音的一个难点*

——中古入声字的异读：历史、现状及思考

王洪君　北京大学中文系　北京大学中国语言学研究中心

［摘　要］本文首先说明新一期普通话审音工作所依据的五条原则及其用于入声字定音所遇到的困难；然后统计分析元代以来有关北方通语或北京音的六部重要韵书（《中原音韵》《蒙古字韵》《合并字学篇韵便览》《李氏音鉴》《音韵逢源》《京音字汇》）所记录的入声字韵母异读和声调异读，并结合社会因素的变迁分析这些异读历时变化的原因和趋向；之后再考察当前在广大官话方言中入声异读的不同类型及各种异读类型在地域分布上的广狭，并进一步分析地域分布广狭与文献所反映的历时变化趋向的关联；最后是对审音工作如何处理中古入声字异读的一点思考。

［关键词］普通话　入声字韵母异读　清入字声调异读

一、关于新时期普通话审音的原则

新时期普通话审音工作五原则：

（1）以北京语音系统为审音依据。

（2）充分考虑北京语音发展趋势，同时适当考虑在官话区中的通行程度。

（3）以往审音确定并为普通话使用者广泛接受的读音，保持稳定。

（4）没有别义作用或语体差异的异读尽量减少，以利于方言区的普通话学习和汉语的第二语言习得。

（5）在历史理据和现状调查都不足以硬性划一的情况下提出推荐读音并保留异读。

这五条原则中，跟本文议题没有直接关系的是第一条、第三条第一句的后一半、第五条的前一半。

第一条主要说的是，北京话是我国通用语言的基础方言，体现在音系上，包括声韵调系统、儿化、轻声等语音词法，以及通用词汇的字音。要特别说明的是，北京土语词汇特有的字音、儿化、轻声等语音词法在语词中的适用范围等，不在音系涵盖的范围内。

第三条第一句的前一半加后一句——“以往审音确定……的读音，保持稳定”，可称作“不折腾原则”。

第五条的后一半“在……不足以硬性划一的情况下提出推荐读音并保留异读”可称作“姑且原则”。

除此之外，第二、四两条和上面第三、五两条所

* 本研究得到“晚清民国时期北京话系统及探源研究”（11WYA001）、“清末民初北京话系统研究”（11JJD740006）、“审音原则的制定和《普通话异读词审音表》的修订”三个基金项目的资助。

省略的附加条件与本文议题直接相关。我们认为，这些条文体现出本次审定字音的主要根据：

（1）**符合字音的历史演变规律**。也有学者称为“从理”。在条文中体现在第二条的“充分考虑北京语音发展趋势”和第五条中指明的不得以方才可采用的两个条件之一的“历史理据”。其实，“从理”原则不仅仅是为了延续历史的传统，下面我们将说明，“从理”而定的字音一般也“利于方言区的人学习普通话”。

（2）**全国通行度高**。也有学者称为“从俗”。体现在第三条“不折腾原则”的附加条件“为普通话使用者广泛接受的读音”。而第二条中的“适当考虑在官话区中的通行程度”更明确地指出了“从俗”所依据的地域范围，其依据其实也是使用者人口数量的多少。“从俗”其实是针对不符合字音历史演变规律的那些字音的。“从俗”意味着即使某字音不符合字音历史演变的规律，即使以往所审定的音是错误的，如果已经通行开来，即可接受为规范字音，也有学者称为“习非成是”。这一条的使用要尽量谨慎，要有大量调查数据的支持。

（3）**减少没有别义作用的异读**。这是第四条的内容。其实，它不仅仅有“利于方言区的普通话学习和汉语的第二语言习得”的功用，而且也是文字与语言的关系所要求的。至于同字异音在区别语体上的功能，下面我们会专门讨论。

二、审音原则的合理性

首先，“从俗”如果不加“不符合演变规律”的限制，其实与“从理”是一致的。也即依照字音的古音（中古音）和历时演变规律确定的音，在绝大多数情况下，也一般正是在官话方言以至全国范围内通行程度最高的音，因此**“从理”一直是历次审音最重要的原则。**这是因为，在字音变化中，有规则的语音演变占绝大多数，而有规则的语音演变不仅使当今北京话中大多数字音有历史的传承，更重要的是它保证了方言与北京话存在成类的、可类推习得的对应性，**是便于方言区群众学习普通话的重要保证**。比如笔者在讲授历史语言学、音韵与方言等课程时经常使用的一个例子：

例词	普通话调值	济南话调值
山东聊城	55-55-35-35	213-213-42-42
山西平遥	55-55-35-35	213-213-42-42
江苏盐城	55-55-35-35	213-213-42-42
湖南株州	35-35-55-55	42-42-213-213
河南开封	35-35-55-55	42-42-213-213
云南昆明	35-35-55-35	42-42-213-42
河南安阳	35-35-55-35	42-42-213-42

只要给出前两行的调值，不给出方框中济南话的调值，上课的学生也都能正确无误地说出济南的调值。这是由于，虽然上述地名中北京话与济南话没有一个字的声调的调值是相同的，但却有非常规则的成类对应关系：

北京 55 调 ｛山东西江苏株州昆安｝

↕ ↕ ↕ ↕ ↕ ↕ ↕ ↕ ↕

济南 213 调 ｛山东西江苏株州昆安｝

北京 35 调 ｛聊城平遥盐湖南河云明阳｝

↕ ↕ ↕ ↕ ↕ ↕ ↕ ↕ ↕ ↕ ↕

济南 42 调 ｛聊城平遥盐湖南河云明阳｝

以上字音在北京和济南都是符合中古音调类归属的，都是中古韵书上的阴平调。所以说，符合中古韵书所记录的字音分合关系的、有历史依据的（“从理”）的字音，绝大多数也是方言中日常所用的字音。只要是古音有规律的继承，则虽然它们的音值、调值可以有很大差异，但跟北京话会有整齐的成类对应的关系，字音的类聚关系不变。审音中注意维护字音的历史传承，其实在绝大多数情况下就是更好地维护了在更广泛的地域和更广大人群中日常用音跟普通话的对应关系。有了对应，方言者就可以类推习得普通话。

其次，**“从俗”应该有“例外的字音数量少且通行范围广、使用频率较高”的限制。**语音演变大多会有 5%—7% 的例外变化，比如汉字的声符相同、避讳、回避常用词的同音，方言浅层接触时按音值相近的个别借用（比如“尴尬”“芥菜”[①]）等，都会造成例外变化。

由于例外音变的字音无法根据方音类推，而只能一一单独记忆，所以审音不应该只依据北京音特别是北京口语词汇的字音来审定，而应该考察这些音在全国范围的通行度。同时，例外字音被确定为正音的数量要少，其使用频率要高。如果不合对应的字音少且使用频率高，有利于方言区的人在排除少量例外的前提下，运用类推对应。同理，各个方言会有自己方言数量不多的演变例外，也可以用先排除个别例外的方法来找出与普通话的对应关系。比如，万波教授在香港教授普通话的经验是，明确告诉学生，普通话的 uei 韵，除“内”一字粤语为 ɔi 韵外，其他一律对应粤语 øy 韵。该例是粤语发生了不规则的变化，剔除少量例外而揭示合乎音理的大批字的规律，对于推广普通话也还是有利的。

北京话发生了不规则音变而被接受为正音的例子，比如“期”，按其古音应该是阳平，但北京话是阴平。这一例外在方言中的分布是，官话方言包括西安、扬州、合肥、成都都是跟北京一样是阴平，南方方言几乎都是合乎规律的阳平。20 世纪 50 年代的正音根据广大官话方言的情况定成了阴平。这对于广大官话方言区的人来说是好的，但对于南方方言的人却成为了困难。当时王力先生坚决不同意定为阴平。现在来看，王力先生的意见也许是对的。但“期”在广大官话区通行，也是正音的重要依据，也是符合审音原则的，这一例子从理还是从俗两可。也有北京话例外字音未被接受为正音的例子。比如“酵”的声母按古音应为 j 声母，但不仅在官话区，而且在很多南方方言中都是按半边字读为与“孝”相同的 x 声母。可是，在这些地区 x 声母并不是唯一的读音，大多是 j、x 并存。比如，在北京不仅文化水平高的人知道 x 是误读，而且口语中“发面用的、留下来的那一小块面”还是叫做“jiào 头”。所以 50 年代的审音委员会没有迁就误读的 x 音，采用了符合历史传承的 j 音。现在，“发酵”一词在正式文体中很常用，因教育的普及和有声媒体的作用，j 音已经占据了绝对优势。

正音工作最理想的结果是找到并论证了既符合古音传承又符合使用者口传的音，能够纠正过去极个别错误的定音。比如本次正音工作通过考察发现，剽窃的“剽”，无论是按古音传承（“从理”）还是通行范围（“从俗”）都应该是阳平调而非阴平调，“荨麻”的“荨”音 qián 或 xún 在古代和方言中都是两可的，等等。这里先按下本次审音中处理得非常好的这些案例不表。我们想提出来讨论的是审音中遇到的一个很大的难点——中古入声字的异读应该如何正音。

三、中古入声字异读正音的难处

中古入声字异读正音之难，难就难在“从理”“从俗”“减少没有别义作用的异读”，甚至“减少没有区分语体作用的异读”的原则都很难处理它。它不像前面的例子那样适用于绝大多数字音“从理”、少数字音“从俗”的原则，并且两者在有利于普通话的普及推广方面还能够彼此和谐一致。

首先，从历时的角度看，中古入声字的异读在北

---

① “尴尬”“芥”都是见系开口二等字，与北方话的对应规律是：南方保留声母为 k 组、韵母为开口呼；北方声母为舌面前，韵母为齐齿呼。由于“尴尬”是北方没有的词汇，南方的“芥菜”是吃叶的大叶品种，而北方的“芥菜”是吃根茎不吃叶的品种，所以在借用这两个词汇时，北方采用的是按音值借用，而没有按对应规律折合为北方的声母韵母，这样的借用造成方言语音对应的例外：几乎所有见系开口二等字都符合前述对应规律，如“间监咸江介界届街解鞋”等等，只有“尴尬”和大叶芥菜的“芥”例外。

京话中的表现是**同一历史音类的无条件分化**，似乎是“非从理”的。其实该异读是从同一个古音来源下来的两个或多个不同地域支系，而北京话中这些来自同一古音来源的几个地域分支的音系又都没有完整保留。也即中古属于同一声调或同一声母、同一韵母的字音，现在有的只有文读，有的只有白读，有的有文白两读，还有的是分不出文白的异读。原本相同声韵调的字音无条件地分化为了两类或多类。

其次，这些异读不但没有分化的语音条件，还大多都有一定的字音数量。由于字音数量大，异读的任何一读就也不可能“先用排除法排除少量例外再类推”，因而方言区群众只能一个一个地习得。同时，在当前学前教育和学校教育以及有声媒体的强势影响下，也有另一种倾向，就是近十年来只会说普通话而不会说方言的年轻人越来越多。台湾在二三十年前开始重视保护方言，保护多元文化。大陆在近十余年来也开始重视这一问题，政府和国家语委也采取了一些相应的措施，但方言传承的情况仍不容乐观。这其中社会的发展、交际和交通媒介的改变、教育的普及、经济的全球化等等无疑是主要因素，但笔者想，普通话与地方方言的对应关系在普通话的部分入声字中是混乱的、不可类推习得的，也有一定的影响。也即它不仅不利于方言区群众学习普通话，同时也不利于同时掌握通语与方言双系统。

再次，审音的另外一条重要原则“减少没有别义作用的异读”和“减少没有语体差别的异读”，其实在入声字读音的审定中也遇到很大的困难。入声字文白异读所谓的别义作用，老一辈学者已经有过很扎实的研究，基本上都不成立。下面是徐世荣先生《普通话异读词审音表释例》(以下简称《释例》)的一些例子。

“轴”根据意义分为两音，在“大轴子”“压轴”两词中为去声，其他为阳平。其实，“大轴子”“压轴”亦为“车轴”义的引申：传统的书画装裱时末端缀一木棒，木棒的两端多加装红木轴头，卷起时如车轴转动，故名画轴。又由于画轴的分量重，所以旧时演戏固定的收场戏（无剧情内容、多个身着重甲胄的龙套演员打来打去，供观众在热闹中退场的武戏）就称为“大轴子戏”，而紧挨着大轴子戏的倒数第二个节目总安排成最精彩的，就叫做“压轴戏”。也即去声的“轴”与阳平的“轴”并没有意义上的区别。

“帖”按照意义分为三种声调：“服从义”音 tiē，“邀请的通知，写着字的小条儿”音 tiě，“写字或画画所临摹的样本”音 tiè。但以上三种声调别义的功能并非历史的传承，它们都来自同一个“他协切”的反切，意义都来自“以帛制成的书签”(《说文》：“帛书署也。”)。由于这种书签必黏附于书，引申出“妥帖、服从”(同时与另一表示“妥帖”的同音字“怗”合并了)；而“写着字的小条儿”“临摹的样本”是由“书签”义直接发展而来。

此外，文白异读用于不同的语体，其实也并不容易控制。比如“血”，“血债要用血来偿”“血库里的血不够了”“O 型血”“献了 400CC 血”，等等。

总之，审音五原则在处理入声字的异读时其实都遇到了很大的困难。而由审音工作组成员石锋先生主持的较大规模的社会调查（500 人）也说明，对入声字文白异读所做的规范，相对来说效果不理想。以“血”为例，实际调查的结果是，按照规范读音定为 xuè 的“贫血”各读音比例为 xuè11.4%，xiě32.5%，xuě57.2%；定为 xiě 的“吐血”xiě46.8%，xuě45.4%，xuè7.8%，规范读音的比例都未过半，而未被规范列入选项的 xuě 比例却相当高。

对于这种较有系统的、数量相当大的异读，其历史变化规律是什么我们还不是很清楚，至少不像对规则语音演变的规律那么清楚。本文拟以北京话入声字较成系统的异读为例，从对现有历史资料的梳理和今官话方言的比较入手，探讨一下入声异读变化的趋势。

四、北京话入声字韵母异读的历时变化及其与社会变迁的关联

本文所讨论的北京话入声字韵母异读，是指中古收 -k 尾（也即“宕江曾梗通五摄”）的入声字在元代以来北京话中的韵母异读①（以下常简称为“入声字韵母异读”），具体来说包括 -k 尾入声字中的宕江摄、曾摄开合一、梗开合二 / 曾开三庄②，通合三入四类（以下分别简称为宕江入、曾一入、梗二入、通三入）。这些入声字韵母当今北京话中有文白异读，白读为 au、iau、ei、uei、ai、uai、ou、iou 等元音韵尾韵，文读为 o、uo、e、ye、u、y（早期为 iu）等开尾韵。

本节首先列表给出元代至民国与北京话相关的六部音书所记录的入声字韵母异读的字数和比例，然后分为元代、明代及元明比较、元明巨变与社会、清代民国及明清比较，明清的大同小异与社会五小节具体分析其变化趋向和变化原因。

4.1　元代至民国六部音书的入声字韵母异读总览

可能与元代北京话有关的音书有《中原音韵》（1324）和《蒙古字韵》（1308）③。这两部文献的入声字异读见表 1④。

明代北京话的音书，较能够得到学界公认的是《合并字学篇韵便览》（明末顺天人徐孝著，有 1602—1606 年之间的多个版本，以下简称《便览》），该文献的入声字异读见表 2⑤。〔由于《便览》收字量极大且多是历代书面文献用字，所以周文将所收例字限制在《汉语方言调查字表》的取字范围，本文从之。〕

清代和民国有关北京话的音书，我们选取了《李氏音鉴》（李汝珍，1810，以下简称《音鉴》）、《音韵逢源》（［清］裕恩，1840，以下简称《逢源》）、《京音字汇》（王璞，1913，以下简称《京音》），因民国与清中期文献的情况差别不大，均放入表 3⑥。

表 1　元代音书的入声字韵母异读

音书	元《中原音韵》（1324）				元《蒙古字韵》（1308）			
字音	白	文	两	白 : 文	白	文	两	白 : 文
宕江入	98	46	42	2.1:1	182	0	0	182:0
曾一入	12[1]	0	0	12:0	35[2]	0	0	35:0
梗二入	42	0	0	42:0	81	0	0	81:0
通三入	10	63	2	1:6.3	8	149	7	1:18.6

注：1《中原音韵》的曾一入派入 ei 类 9 字，ai 类 2 字。具体例字见附录。
2《蒙古字韵》的曾一入合口（唇音归合口）均在支部（共 8 字，与梗合二入均在佳部合口不同）；开口（共 27 字，含庄三入）与梗开二入同在佳部，但主元音彼此不同，独立韵类。详见附录。

表 2　明代音书的入声字韵母异读

明《便览》（1602）				
字音	白	文	两	白 : 文
宕江入	25	90	24	1:3.6
曾一入	7	18	7	1:2.6
梗二入	13	41	12	1:3.2
通三入	8	60	0	1:7.5

① 高晓虹（2000、2009）指出，北京话入声字韵母的文白异读还包括深臻摄开三庄组字（“涩虱瑟”）。笔者同意她的看法，但由于字少和声母条件过于狭窄，本文的讨论没有包括它们。

② 四部音书的曾开三庄入与曾一入和曾三其他入不相同，而与梗二入相同，归在了梗二入；一部音书的曾开三庄入与其他曾摄入声相同，而与梗二入不同，归在了曾摄入声。

③ 尽管学界对于这两部书是否反映北京方音的看法十分分歧，但它们是元代仅有的成系统的资料了。

④ 数据来源：《中原音韵》（杨耐思，1981）；《蒙古字韵》（照那斯图、杨耐思，1987）。

⑤ 数据来源：《〈合并字学篇韵便览〉研究》（周赛华 2005）。

⑥ 数据来源：《李氏音鉴》光绪戊子重修，木樨山房藏版；后两书的收字量亦比较大，数据主要根据高晓虹（2001），取字范围亦为《汉语方言调查字表》。另，为与前面数据一致，笔者补充了曾一梗二入合口、通三入烛韵等音韵条件。《音韵逢源》据《续修四库全书》第 258 卷第 695—758 页，《京音字汇》据香港中华书局 1913 年印刷本。

表 3 清代、民国音书的入声字韵母异读

音书	《音鉴》(1810)				《逢源》(1840)				《京音》(1913)			
字音	白	文	两	白 : 文	白	文	两	白 : 文	白	文	两	白 : 文
宕江入[1]	22	63	11	1:2.9	34	89	32	1:2.6	29	85	27	1:2.9
曾一入	8	14	4	1:1.8	8	19	8	1:2.4	7	17	6	1:2.4
梗二入	10	24	4	1:2.4	14	40	14	1:2.9	22	41	22	1:1.9
通三入	5	54	1	1:10.8	6	61	5	1:10.2	6	59	5	1:9.8

注：1 清代入声韵母文白异读的一个共同特点是宕江入合口一律变成了文读，也即“郭廓扩霍藿劐握”等字的 uau 白读消失，并入了与果摄同音的 uo 韵。这应该源于 uau 不易发音引发的自然语音演变。

各表中的“白”“文”“白 : 文”均指字音数，也即凡一字有文白两读的，会将其文、白字音分别按文和白各计一次，“白 : 文”也指的是字音数的比例。“两”则是指一字有文白两读的字数。仅有文读音或仅有白读音的字数可以由“文”或“白”栏中的数字分别减去“两”栏中的数字得到。此外，（1）受纸面大小的限制，表中把元代入声字中有尾韵一读写作“白”、无尾韵一读写作“文”，其实它们当时并不是文白的区别，详见后面的讨论。（2）除《蒙古字韵》的曾三庄入按该书的同音关系归入曾一入外，其他音书的曾三庄入按它们的同音关系归在梗二入。（3）《蒙古字韵》收字很多，不少是非常用字，且入声字几乎没有类似今北京话的两读，这使得总字数失去了统计学的意义，因此下表中的数字不包括大字库没有的字。

4.2 元代的入声字韵母异读

《中原音韵》《蒙古字韵》的中古入声字异读有如下三个特点：

（1）**宕江入：有尾韵 au 类无疑是主流。**

《中原音韵》有萧豪（au 类）、歌戈（o 类）两读，但 au 类字音比 o 类多一倍。

《蒙古字韵》均归萧部（au 类），不归歌部（o 类）。

（2）**曾一入：两书均只归 i 尾韵，没有无尾韵的文读。**

（3）**梗二入：两书均只归 i 尾韵，没有无尾韵的文读。**

（4）**通三入：无尾韵是主流。**与前三类不同，两书有尾的 ou 类音非常少，已可看作特字。《蒙古字韵》的处理也的确特殊。该书编排的常规是入声韵不独立，入声调独立但放在阴声韵部中与平上去三声并列。宕江曾梗的入声字分别在萧部佳部支部的入声，通三入大多在鱼部的入声，均合通例；唯有“祝轴畜”等（其他 5 字为轻唇声母，今音均为 u 韵）8 字在尤部的平上去三声中，不在入声。这一特殊的处理，似乎正是把它们看作了特字。

另外，两书通三入 ou 类字音的绝对数量相差不多，但与无尾的 u/iu 韵的比值相差很大，这是由于《蒙古字韵》所收的非常用字极多造成的。这一现象恰恰说明，除了个别常用的特字，两书的通三入都是用 u/iu 韵的。

4.3 明代的入声字韵母异读及与元代的比较

除通三入，其他三类入声字两异读的势力在明代发生了颠倒性的逆转，表现有三：

（1）异读类别增加：曾一入、梗二入在明代新生了无尾韵一读；

（2）元代是有尾韵的数量占压倒性优势，明代逆转为无尾韵的数量占明显优势；比如宕江摄入声在《中原音韵》是 au 类字音数是 o 类的 2.1 倍，而到明代《便览》变成 o 类字音数是 au 类的 3.6 倍。

（3）元代是几乎所有字都有有尾韵一读，明代逆转为几乎所有字都有无尾韵一读；比如宕江摄入声在《中原音韵》只有 4 字仅音 o 类而没有 au 类字音，却有 56 字仅音 au 类而没有 o 类字音；明代《便览》却是有 66 字仅音 o 类，却只有 1 字（“饺”）仅音 au 类。

（4）有尾韵一读在元代并无文白色彩，在明代《便览》中却大多有“俗”“出自词韵”“○（表示有音无字）”等标注。可以看出，北京话中入声韵母的文白色彩确定于明代。

通三入的异读情况与元代基本相同，只是少量可做特字处理的无尾韵一读在明代也新生了白读色彩。

4.4　元明两代入声字韵母异读的颠覆性变化与社会的变迁

以上变化与社会的变迁密切相关。我们认为，明代北京话入声字韵母的无尾韵文读是承继宋元南方通语的发展，而有尾韵白读是辽金元北方通语的承继。

明代之前，通语产生了南北分化。

根据今方言中叠置的文白层次可知，除闽方言的文读层是源于唐中期之前的《切韵》音（之后叠加了少量宋音）之外，南方吴赣粤客诸方言目前保留的最早的文读层次均为宋朝廷南迁之前的汴洛之音（参看王洪君，2009、2014）。该层文读的形成与宋朝廷和大量中原士人南迁并长期定居南方有关。而南宋时发明的活字印刷术，使得私塾教育普及到乡镇一级，直接推动了南迁朝廷和士人所用读书之音的普及。又借助那个时代大量的新生词汇和各种戏曲形式，读书音也部分地进入各地口语，成为各地读书人可以直接交流、不少百姓也可以大致听懂的宋元南方通语。

而从唐五代敦煌文献、西夏黑水城文献、《中原音韵》《蒙古字韵》和现代方言可以看出，在辽金元统治的北方有中原汴洛音、幽燕北京音、陕甘青西北音等不同分支，入声韵母归派的不同是它们的主要区别之一。宕江入→au 类韵、曾梗入洪音→ei 或 ai 类，是幽燕不同于其他两支的特点。因辽金元均建都北京，幽燕方音成为朝廷所用汉音。元代推行这一汉音的力度可能是最大的：将《蒙古字韵》定为选拔汉人官员的标准，在各地建立汉语二语学校并统一以《蒙古字韵》为教科书，由此《蒙古字音》还成为了当时东北亚其他国家学习汉语口语、汉语传世文献以及与北方汉人和其他民族交际所用的汉语字音标准（郑光，2013）。这些字音通过文字教习、也通过日常交际和广为传播的诸宫调等北方戏曲形式进入百姓口语，形成了当时的北方通语。

再看明代。

元覆明立，不仅仅是一般的改朝换代，还涉及不同民族的政权更迭——汉族恢复了对自己民族发源地和历史核心区的统治，结束了几百年来他民族的占领。相应地，清除数百年来异族统治的影响，是新政权的一个任务，语言上的扶正清源无疑也是其中的一个方面。从文献记载可以看出，明朝廷和士人虽然对于正音是否应该保留入声有不同意见（一派认为应该保留入声，另一派认为应该遵从没有入声的中原之音），但作为辽金元三代北方异族统治中心的幽燕之音不能再作为朝廷正音和“中原之音”的代表却是没有异议的。以继承了北宋中原之音的宋元南方通语为基础，加上汴洛中原音的一些新的音系简化，无疑是明代通语最好的选择。

明代的统治者来自南方江淮地区，该地区原大多为吴语区，但因地近北方，深受北方音，特别是汴洛中原音的影响，也发生了宕江合流、曾梗合流、家麻/车遮分韵、鱼模分韵等诸多音变，因而较宋元南方通语更为简单。学界早有江淮官话就是“吴语底层+中原官话”的说法，笔者以为大致不错。明代统治者认为自己的方音就是新的中原之音，新的汉族政权成立应该推行这一中原之音，于是有了《洪武正韵》的编撰。《洪武正韵》的入声独立成韵且从古与阳声韵相配为 -p、-t、-k 尾，但江淮官话已合流为喉塞尾。这样的入声韵母其实跟中原官话的无尾阴声韵在听感上十分相近。或者说，即使北方百姓有心学说江淮话，根据语言接触的规律，多半也只是用自己音系中的无尾韵来替代。反过来，幽燕方言的 -k 尾洪音入声字派归有尾韵，不仅有政治上的不利，而且其音值（如“脚”tɕiɑo、“北”pei、“摘”tʂɑi）与喉塞尾的入声或无尾阴声韵都相距较远，加之分类较为繁复（曾和梗有ei类、ai类的对立），从跨方言交际规则来看也不占优势。

这样，明代皇族及南直隶子弟兵所持的只留一个喉塞尾入声的江淮方音，因其政治优势和字音分合更加简单、更加易于为入声韵母并入无尾韵的广大北方地区（中原、西北）和明初广大的新移民区（湖广、云贵川）接受的语言优势，成为了新通语的代表性方言，南京是其代表点。

以上所说至少还有如下几个证据：

（1）《洪武正韵》视《广韵》《礼部韵略》为江左之音，也不取幽燕方音独有的特点，但吸收了北宋汴洛中原音不少创新演变，同时保留了宋元南方通语存有全浊声母、入声调、入声韵等特征。

（2）沈宠绥《度曲须知·曲运隆衰》："……明兴，乐惟式古，不祖夷风。程士则四书五经为式，选举则七义三场为较，而伪代填词往习，一扫去之。虽词人间踵其辙，然世换声移，作者渐寡，歌者寥寥。风声所变，北化为南，名人才子，踵琵琶拜月之式，竞以传奇鸣；曲海词山，于今为烈。而词既南，凡腔调与字面俱南。字则宗洪武而兼祖中州，腔则有海盐、义乌、弋阳、青阳、四平、乐平、太平之殊派。虽口法不等，而北气总已消亡矣。"生动地描画了明初的"正音"更迭及其所带来的社会语言生活的巨变。

（3）《利玛窦中国札记》明确指出当时"还有一种整个帝国通用的口语，被称为官话（Quon-hoa），是民用和法庭用的官方语言……在受过教育的阶级当中很流行……就连妇孺也都听得懂"。该书还记述了一位太监送给某传教士一个南京男孩，以帮他学说"纯粹中国话"的事。（鲁国尧，1985、2007）

（4）西班牙籍传教士瓦罗1682年写成的《华语官话语法》提到"要想说好汉语，我们必须观察中国人如何发音，说出每个词。当我在此说到中国人的时候，我指的是那些熟通南京话的人；南京话是官话，也是中国所有其他方言的始祖。然而，我们应该记住，会说南京话的人并不一定就是读书人，而只是因为他们是南京人、赣州人或信丰人。而北京和山东的方言略有不同。我们的词表完全是根据南京话来编的"。（鲁国尧，2007）。这说明清初的全国通语（官话）仍是以南京话为代表的明代江淮音。至于赣州和信丰城内的方言，至今仍是官话方言岛，出城则为客家方言（张倩，2013）。城内官话是洪武年间设立卫所，大量军人携家眷进驻并定居于此带来的。

另一方面，反映幽燕方言的-k尾入声字为有尾韵的异读，在明代北京话音书中也仍有相当数量的保留，《便览》中这一类音大都标有"俗""出自词韵"或有音无字标记，这说明北京（至少是北直隶地区）的居民仍有相当数量的幽燕旧人，他们的口语中还部分保留了《蒙古音韵》时的幽燕方音。同时，北方传承的一些文艺形式中也还一直沿用北方前朝（辽、金、元）旧音。比如昆曲的北曲，至今还是宕江入一律au类韵、曾梗入一律ei/ai类韵。

最后，统治者的方音来到北京，其入声字韵母独立一类的字音分合关系及其音值与北京原当地音（宕江入归au类［效摄①］、曾梗洪音入分别归ei类［垒摄］和ai类［蟹摄］）相距甚远，根据语言接触规律，他们的口音以北京最相近的音类重新匹配，就出现了宕江入归o类［果摄］异读的增多，和曾梗洪音入同归ɛ类［拙摄］的新异读。

对于北京新来的统治者和北京及周边地区原来的幽燕居民来说，入声字新出现的无尾韵异读是统治者使用并为士人推崇的"中原之音"，是高权威的文读；有尾韵异读是当地百姓或当地籍士人在非正式场合使用的俗音，是白读。

另外，高晓虹（2000、2009）将入声庄组字的韵母②文白、声调文白与声母是否卷舌三种现象在元代以来历代文献中的表现一起考察，提出并论证了北京入声字的文读来自南京，可作为北京入声字韵母文读之来源的语言内新证据。

① ［］中为明代《便览》韵摄的名称。

② 这一考察还包括了深摄的"涩"和臻开三庄组的"虱、瑟"。

4.5 清代、民国入声字韵母异读与明代的大同小异和清代社会

清代民国的三部音书入声字韵母的文白比例比较接近，并且各类的文白色彩、文白比例均与明代近似。

但仔细观察还是有一些异常，下面结合清代社会情况具体讨论。

（1）入声字韵母的白读。同为清中期音书，与200多年前的《便览》相比，汉人编撰的《音鉴》白读略少，满人编撰的《逢源》却较多，《便览》:《音鉴》:《逢源》= 25:22:34。

我们认为，这应该与以下两点有关：

① 清代的旗民隔离居住政策（包括北京内城外城的旗民隔离，清军卫所与周边地区的旗民隔离，禁止民人进入八旗发源地东北、内蒙古的封关措施等）。

② 入关后满人汉语文白分化的加剧。先看白读。从现代方言可知，清人发源的东三省是宕江曾梗入声字派入有尾韵最多的方言，北京周边河北的保唐、沧惠等地亦是如此，这应该是明代之前幽燕方音的继承，也应该是入关汉军旗旗人汉语的特点。满军旗的旗人则不少是进关后才学说汉语的，由于阶层低的满人接触更多的是汉军旗旗人或周边的河北人，所以他们习得的汉语口语就自然会是入声字派入有尾韵的比较多。

（2）入声字韵母的文读。同为清中期，满人编撰的《逢源》中入声字韵母文读的数量与明代《便览》基本持平；而汉人编撰的《音鉴》的文读却明显较《便览》少，《便览》:《音鉴》:《逢源》= 90:63:89。更为重要的是，《便览》与《逢源》都是几乎所有字都有文读音，而《音鉴》却有不少字只有白读音。

这或许也与清代的治国大计有关。清代统治者虽然希望保持自己民族的特有属性而采用了旗民隔离居住的政策，虽然在清前期他们也像元代统治者一样设计了自己的文字并将满语满文尊为国语国字，但他们同时也非常服膺汉文化，乾嘉以后更是明确企望成为中华文化正统的继承者。据当今昆曲演艺界唯一出身于曲社的北昆一级演员张卫东先生告知，他少年时曾从国学大师、北京大学教授吴承仕之子吴鸿迈学习古文吟诵，吴先生告诉他，自己所传授的吟诵字音是清代国子监教书一直使用的“明清官话”。张先生后来习练昆曲才发现，这一明清官话跟昆曲南曲的字音系统基本相同（不是现在苏昆使用的吴音，而是明代官话或清代南方官话音）。也就是说，虽然早在乾隆年间，朝廷的仪式唱赞已经改用直隶音（平田昌司，2000），但与此同时，京城内阶层高的满人接触更多的是在朝廷任职的来自南方说南方通语的汉人官员或士人，在他们心目中明清国子监诵读用的明代官话（也即入声字用无尾韵）才是更加文雅的语言，这支持了明代入声字韵母以无尾韵为文读的权威性。有尾韵的白读虽然是地道的京味，但却是不上档次的。在朝廷礼仪这样正式场合使用的鸿胪寺礼赞音虽然是用直隶音，但入声字应该不能使用有尾韵的白读，也即入声韵的无尾韵文读必须要覆盖所有字音。

总之，清代前期、中期奉明代官话或清代江淮官话为文读，与明代是一脉相承的。至于在清中后期，日本、朝鲜、欧洲等地和在中国的西方传教士编著了大量的北京话汉语教材，如威妥玛（1867）的《语言自迩集》，以及日本在明治九年（1876年）将官立学校和民间私塾教授的汉语由南京话改为北京话（六角恒广，1992：前言，转引自威妥玛《语言自迩集》中张卫东的译序），则是后来的事，而且这时的北京话已经是之前清廷奉明代官话为文读，承继明代北京音的文白叠置体系，而非直接承继于幽燕方音了。

另外，清中期民人所著《音鉴》的入声字不仅白读少，文读也比较少，还可能与该书并非专门韵书而是讨论北京音一些音韵问题的学术著作有关。该书只是在《卷四·第二十五问·北音入声论》中收录入声字并加反切，所以很可能是只收录那些已经进入北京口语的文读，而未收录那些只在读书等专门场合使用的字音。

最后，民国时的《京音》，虽然时间最晚，但基本上是明代《便览》和清代《逢源》的继承——无尾韵一读几乎涵盖所有字音，有尾韵异读在数量上基本

稳定（仅宕江入白读略有减少），并且大多明确了“俗音”，有的还明确标出了只用于某个地名（如“获，又音怀，获鹿，地名”）。

值得注意的是，《便览》《逢源》《京音》对于入声字韵母异读的选取原则均为文读为完整的字音体系，白读按北京口语择取。这一原则为民国第一次正音规范老国音继承。而之后的新国音的择选原则却与《音鉴》更为近似，即无论文读、白读，均以进入北京实际口语为准，文读不再保留涵盖所有字音。新国音的这一处理原则为1949年之后的历次正音所继承。

五、北京话清入字声调异读的历时变化及其与社会因素的关联

元代，中古入声字在《蒙古字韵》是放于阴声韵部但独立入声调，在《中原音韵》是全浊入作阳平、次浊入作去声、清入作上（但影母字大多随次浊归去），前两项跟今北京话一致而清入不一致。

本节的讨论从明代开始，集中讨论清入的归调。根据高晓虹（2003）在前人研究基础上的梳理归纳，我们了解到北京清入字的归调在明代与清代以至现代有较明显的不同。下面在高文的基础上略加取舍和补充来讨论明代以来北京清入字声调的归派。

5.1 明代与清代、民国清入字归调的显著差异：明代清入归去是成系统完整的读书音

高晓虹（2003）把清入字的归调首先分为只归到一个声调的（本文改称“独调”）和归到多个声调的（本文改称“多调”）两大类，本文从之。如下所示：

表4 明、清、民国、当代入声字声调派入四声情况

时代	音书	清入字数	阴平$_{独调}$ 字数（比例）	阳平$_{独调}$ 字数（比例）	上声$_{独调}$ 字数（比例）	去声$_{独调}$ 字数（比例）	多调字 字数（比例）
明	《合韵》[1]	278	0（0%）	0（0%）	0（0%）	182（65.5%）	96（34.5%）
清	《音鉴》	256	84（32.8%）	60（23.4%）	21（8.3%）	63（24.6%）	28（10.9%）
清	《逢源》	303	76（25.1%）	60（19.8%）	21（6.9%）	97（32.0%）	49（16.2%）
民国	《京音》	302	86（28.5%）	42（13.9%）	22（7.3%）	91（30.1%）	61（20.2%）
当代	《方音》[2]	310	75（24.2%）	40（12.9%）	24（7.7%）	71（22.9%）	100（32.3%）

注：1《合韵》全称为《合并字学集韵》，它与前节的《便览》的关系是：《便览》是包括字书、韵书、韵图、反切总汇四部分的总称，《合韵》是其中韵书部分的名称。《合韵》《逢源》《京音》此三书的收字多，高晓虹（2003）从中选取了《方言调查字表》所收的清入字，本节从之。高晓虹（2003）对表中《合韵》数据的处理方式不同于其他音书，本文改为按一致的方式处理。又，周赛华（2005）利用《便览》全书对入声字归调做了更加详细的统计分析，但由于其材料范围和某些处理原则与高不尽一致，为本文的内部一致性，本节未直接采用周的数据。
2 全称为《汉语方音字汇》。

由表4可以一目了然地看出明代《合韵》与其他音书有显著不同：五书中只有该书清入字归阴平$_{独调}$、阳平$_{独调}$、上声$_{独调}$的数据均为0。也即该书凡有阴平、阳平、上声的清入字必定还有去声的异读①。如表4所示《合韵》有96个多调字，其声调的具体分布为（高晓虹，2003）：

表5 《合韵》入声字声调两读情况

合韵	去、阴	去、阳	去、上	总计
两调字字数	44	17	35	96

也即去声调铺满了该书所有的278个常用清入字。此外，据高晓虹转引郭力（1997）的研究，《合韵》中见于《广韵》的清入字共2 738个，全部都有去声一读。

① 周赛华（2005）指出，《便览》其实有三个没有去声调的清入字：“桌”“搭”仅平声，“擘”平声上声两读。同时说明，“桌”在《便览》的字头为“卓”，“卓”注明为“俗”的桌椅义为平声；“搭”字头前有表示该字为有音无字之俗字的〇。另外，周的研究不仅参考了《便览》中的韵书，还参考了其中韵图、字书、反切总汇，因而收集到的入声异读字更多。

郭力（1997）提出，该书清入归去反映的是读书音，而归其他声调是口语音，笔者同意这一看法。

清代之后清入归调分派的比例和文白色彩均有了明显变化。同样在只取《方言调查字表》所收常用清入字的条件下，清入归去声$_{\text{独}}$的比例由明代的 65% 降至 32%—23%，而独归阴平、阳平、上声三项的总和由明代的 0% 骤升至 44.8%—64.5%，这说明清入归去已不再是完整的读书音系统了。

清入归去在明代的北京是完整的读书音系统，而在清代、民国、当代的北京却不是，这是性质上的大变化。另外，清代以来新产生的清入归阳平，多为文读而不是白读，这也是与明代的显著不同。

5.2　常用清入字归调的变化趋向：归去大幅减少、归阴平、阳平大幅增多、归上略增

表 5 中的多调字只有总字数，没有区分多调究竟是哪些声调。下面先按独调字和多调字分别统计各声调所占字音数的比例；然后，再把独调字和多调字统一以字音数为标准分别统计各声调字音数的比例。因研究目的不同，高晓虹（2003）仅给出了明代《合韵》的两调字和当代《方音》多调字中各调的数量，笔者据周赛华（2005）为《合韵》补充了 7 个三调字，自行统计了多调清入字最少的清代《音鉴》，凑成表 6、表 7。表中多调字各声调下的数字和比例均以字音为准，也即两调字、三调字将分别计为两个、三个字音①。

表 6　独调字、多调字分列的清入归调表（因纸面限制，所有比例均按四舍五入取整数）

音书	独调字	阴$_{\text{独}}$	阳$_{\text{独}}$	上$_{\text{独}}$	去$_{\text{独}}$	多调字[1]	多调字音	阴字音	阳字音	上字音	去字音
明《合韵》	182	0	0	0	182	96$_{\text{两调}}$7$_{\text{三调}}$	213	51	23	36	103
	100%	0%	0%	0%	100%	—	100%	24%	11%	17%	48%
清《音鉴》	228	84	60	21	63	28$_{\text{两调}}$6$_{\text{三调}}$	74	25	22	11	16
	100%	37%	26%	9%	28%	—	100%	34%	30%	15%	22%
今《方音》	210	75	40	24	71	91$_{\text{两调}}$9$_{\text{三调}}$	209	66	47	44	52
	100%	36%	19%	11%	34%	—	100%	32%	22%	21%	25%

注：1《合韵》多调字中的 7 个三调字为笔者根据周赛华（2005）追加，各项字音数因此有改变。《音鉴》的两调清入字经笔者核查去掉了《方言调查字表》未录字和影母字，追加了三调字，各项字音数也因此有改变，具体例字见另文。《方音》的多调字的各项字音数均据高晓虹（2003），但两调和三调的字数是笔者据原数据推算的。

表 7　独调字、多调字汇总的清入字归调表

音书	清入字	清入字音（比例）	阴字音（比例）	阳字音（比例）	上字音（比例）	去字音（比例）
明《合韵》	182$_{\text{独调}}$96$_{\text{两调}}$7$_{\text{三调}}$	395（100%）	51（13%）	23（6%）	36（9%）	285（72%）
清《音鉴》	228$_{\text{独调}}$28$_{\text{两调}}$6$_{\text{三调}}$	302（100%）	109（36%）	82（27%）	32（11%）	79（26%）
今《方音》	210$_{\text{独调}}$91$_{\text{两调}}$9$_{\text{三调}}$	419（100%）	141（34%）	87（21%）	68（16%）	123（29%）

① 这里的字音只按声调异同计算。也即，如果一个字有上声去声两调异读的，算作两个字音；而一个字声母或韵母异读但声调相同的，只算一个字音。本文对《合韵》三调字的补充，也按此原则从周赛华（2005）的资料中遴选。总之，按照本文的处理，表中的“字音数”叫做“字调数”才更为贴切。以字音为准或许更为合理，但限于时间，这一工作只能留待以后完成。

表6、表7的数据说明，从明代北京话到今北京话，清入字声调归派的变化相当大，变化趋向为：①归去大幅减少：独调字中去声独调的比例由100%下降到30%上下，字音数则去声的比例由72%降到26%—29%；②归阴平、阳平大幅增加，无论独调数还是字音数均增加了20%左右；③归上有5%以下的小幅增长。另外，高晓虹（2003）还指出，在明代已有归入阴平阳平上声三声记录的，基本都保持至今，只有去声大幅减少。

高晓虹（2003）还介绍了《语言自迩集》《京音入声字谱》中清入字归调的情况，虽然具体字归调的差异不在少数，但清入归到各调的比例却大致相似，这说明至少在清中期以后北京清入派四声的大格局已经形成，清入归去的文读在清代和民国的北京并未能有效推广。

不同音书具体字归调的差异也不难理解，至今北京话清入字的归调也极不稳定，同一个人对于不同的词语甚至同一语词中的同一个字，在不同的语境下都可能选择不同的声调，有的字甚至在相同语境下也可以自由变读声调；年龄、阶层、居住地、家庭语言环境不同的人，清入字的归调更可能不同。因而，实际上任何音书的记录都不大可能就是北京话入声字声调的真实全貌，但足以显示大的格局。

5.3 北京清入字声调历时变化可能的解释

研究做到这里，新的疑问产生：相同的社会环境，相同的三部音书，为什么清代以来入声韵母异读的变化趋势是明代的文读渐强，而清入字声调的变化趋向却是明代的文读（清入归去）大幅下降呢？

前人的研究已曾提出清入字归调变化的一些语言内条件。白涤洲（1931）指出清入字中声母为不送气的后来多改归阳平。这一条有充分的理据——全浊入声母清化后声母归清不送气而声调归阳平，因全浊入字数量相当大，所以母语已经浊音清化的方言者会把清不送气声母归阳平类推为所有入声字的归调条件。又，陈刚（1988）指出，常用清入字的归调与语法词性有关系，本义为动词的多为阴平，而本义为名词的多为上声。这一条的理据性待考。

笔者以为，还有如下几个因素值得考虑。

（1）以入声归去为文读，并未得到社会的普遍认可：

① 明代的官方韵书《洪武正韵》是入声独立，其他韵书或曲韵音书大多承袭《中原音韵》的“全浊入归阳平、次浊入归去声，清入归上”，当时的词曲作品则是清入归平最为普遍。

② 全浊入归阳平具绝对强势。明代入声作去的文读不仅有清声母字还有不少全浊声母字〔周赛华（2005）的统计结果是，常用的187个全浊入字中，只归阳平的55%，阳平去声两读的41%，只归去声的2%，阴平阳平两读的0.6%〕，但《中原音韵》是全浊入归阳平，在入声消失的官话区也全部都是全浊入归阳平。全浊入归阳平的强势，对于“入声归去”的文读不能不产生很大的负面影响。

（2）音类的字音数和二语习得的规律。从语言内看，每个声调所辖的字音之多是声母韵母远不能相比的。从二语习得规律来看，在自然状态下，母语和二语如果是来自同一祖语的方言，则两方言间会有字音成类对应的关系。而跨方言交际者和第二方言学习者常常是用自己母方言中相近的音类去替代第二方言中的音类；一个音类所辖字音越多，就越易形成两方言音类之间的成类对应和类推习得。也就是说，按自己母方言的声调归类来类推第二方言的倾向会大大强于声母韵母。另外，从语言外看，北京是个五方杂处的大都市，成年后才到北京定居的外地人多，临时来北京小住或办事的外地人也多，即使是清前期旗民隔离政策相当严格之时，朝上官员、城内百匠商铺也仍有不少人来自全国各地，有一些特定行业还为京外某地人垄断（比如专门给城内胡同住户送水的都是山东人[①]），

① 据张卫东先生告知。

以自己母方言清入字的声调归派为基点来类推学说北京话，是很自然的。

综合以上语言内外的各种因素，北京话之外其他方言中入声字韵母和清入字归调两项异读的情况，也很可能是影响两者在北京发展趋势不同的重要因素。下面特列专节考察。

六、入声字韵母异读和清入字声调异读在官话方言中的现状

6.1 各官话方言入声字韵母的异读

以下的分类根据《汉语官话方言研究》（钱曾怡，2010）的附录《官话方言8区42片1 026个音系基础字字音对照表》整理，有文白两读的以白读为准。与北京白读音相同的地域分布放在了各大类的第一小类。

（1）宕江入：

① au类，音同萧豪：北京官话全部（共4片），冀鲁官话靠近北京的2片（保唐、沧惠片，代表点高阳、河间）。

② o（具体音值可为o ɤ ə）类，音同歌戈：胶辽官话全部（3片）、中原官话全部（9片）、兰银官话全部（4片）、西南官话全部（6片）、冀鲁官话的2片（石济、章利片）。

③ oʔ（或ɔʔ ɑʔ）类，保留入声，中元音或低元音类：江淮官话全部（4片）、晋语（8片）。

宕江入声字韵母与北京白读（au类）相同或相近的地方官话只分布在黑龙江、吉林、辽宁西部、赤峰→围场→北京及其周边的地区；而与北京话宕江入文读相同（o类，归歌戈）或相近（中或低元音的入声）的地方官话却分布在山东、河南、陕西等中原腹地，湖广和云贵川等广大的西南地区，苏北、安徽等江淮地区、山西、内蒙、甘肃、青海、宁夏、新疆等西北地区。后者的地域和人口都相当于前者的四至五倍。

（2）曾一入、梗二入

按是否区分曾一入、梗二入和它们是否带-i尾，官话方言可分为如下3大类5小类：

① 曾$_{开一}$入ei类、梗$_{开二}$入ai类，曾合一梗合二入uo：北京官话全部（共4片），冀鲁官话靠近北京的2片（保唐、沧惠）。地域分布与宕江入au类相同。

② a 曾一入、梗二入开口并为ei类、合口并为uei类：中原官话的大部分（8片。除信蚌片、南疆片合口）、冀鲁官话的部分（石济、章利2片）；

b 曾一入、梗二入开口并为中高元音韵腹的无韵尾的e类（或ə、ɤ，与同地点的宕江入及其所归入的歌戈韵唇形偏圆的o类对立）；合口并为一类，多数点uo韵、少数点uei韵：西南官话全部（6片）；

c 曾一入、梗二入合并为中高元音韵腹的无韵尾e类（或ə、ɤ，“贼”例外），主元音与同地点的宕江入及歌戈韵相同，但在相同声母条件下介音多有宕江入圆唇、曾梗入不圆唇的区别：胶辽官话全部（3片）、兰银官话（4片，唇音声母后多为有i介音的iə韵甚至ia韵是兰银官话特有的）。

③ a 曾一入、梗二入分立的入声区，曾一入多为əʔ类，梗二入多为ɑʔ类或ɔʔ类：江淮官话的1片（泰如）、晋语的部分（北部的五台、大包、张呼3片，唇音声母后多有i介音）。

b 曾一入、梗二入合并的入声区，两类多合并为əʔ类。江淮官话的2片（洪巢片、红安片。前者代表点南京是音值为əʔ，后者代表点的音值为æ）；晋语的部分（并州、吕梁、志丹、上党、邯新5片，其中前3片的唇音声母后有i介音）。

以上材料需再梳理一下：曾一入、梗二入的字音分合关系与音值大类都与北京白读相同的只有①，与宕江入归au类一样地域分布相对狭窄；较为接近的还有分布更加狭窄的③a（江淮的泰如一点和晋语的北部3小片）。其他数种虽然彼此不完全一致，但字音分合关系和音值都跟北京话的文读相同或相近，它们的地域分布宽广得多。其中与北京文读最接近的是南京话，除了有个ʔ尾之外，字音分合关系和主元音音值都与北京文读几乎一模一样。这对北京文读的外源是

明代南京话的说法是个支持。

（3）通三入

前面多次指出，历史上的通三入的异读表现与其他三类很不相同，其在今官话方言中的表现也同样如此：

① “六粥肉熟”等少数字 ou 类（各地字数不一，“六肉”两字用 ou 类韵的最多），其他字 u/y 类：北京官话、冀鲁官话、中原官话、兰银官话、西南官话的武汉、江淮官话的红安属于这一类型。

② “六粥肉熟”等少数字为舒化 ou 类，其他字 uəʔ/yəʔ：晋语 8 片均如此，但各地 ou 类字音多少不一（没有多于北京的），有的还有 uəʔ/yəʔ 类异读。

③ 无 ou 类字音，通三入一律为 u/y 类：西南官话（除湖广片）、江淮官话（个别点）。

以上三小类可再合并为两类：北方地区的官话（包括晋语）与北京的情况相似，都是白读 ou 类字音少到可以做例外字处理；南方地区的官话（江淮、西南）没有 ou 类白读。

看来，明代以来北京宕江曾梗四摄入声的白读式微而文读持续走强，不仅是由于明代统治者带来了自己的方言，而且还由于在这一语言特征上跟明代统治者方音相同或相近的方言在地域和人口上都占绝对的优势。

6.2 官话方言清入字的归调

李荣（1985）把清入字归调作为官话方言分区的重要特征，并把清入归调的情况总结如下：

表 8 官话方言古入声字归调情况

<table>
<tr><th></th><th>西南官话</th><th>中原官话</th><th>北方官话</th><th>兰银官话</th><th>北京官话</th><th>胶辽官话</th><th>江淮官话</th></tr>
<tr><td>古清音</td><td rowspan="3">阳平</td><td rowspan="2">阴平</td><td rowspan="2">阴平
去声</td><td rowspan="2">去声</td><td rowspan="2">阴阳上去
去声</td><td rowspan="2">上声
去声</td><td rowspan="3">入声</td></tr>
<tr><td>古次浊</td></tr>
<tr><td>古全浊</td><td colspan="5">阳平</td></tr>
</table>

梳理：

（1）与通常认为的北京白读（清入归上）字音分合关系相同的只有胶辽官话。而胶辽官话在山东两片的调值是 44，也与北京的调值 214 大相径庭。

（2）与通常认为的北京文读（清入归去）字音分合关系相同的只有兰银官话，而兰银官话是诸官话中人口最少的。

（3）只有北京官话的清入无条件地分化到所有四个舒声调，其他所有官话方言的清入都是有规律地归派到一个舒声调或保留入声调。

总结：以上三点中（3）最为重要。它导致所有其他方言的人按照自己方言的分合关系去类推学习北京话时都会发生错误：中原官话的人会把清入字都类推为阴平，西南官话的人会都类推为阳平，兰银官话的人会都类推为去声，有入声方言区的人会按本方言清入的调值选择与之最相近的北京调类推匹配，仍是只归一调。许多普通话说得很不错的人，在这方面都会犯错，比如把“竹子”说成“珠子”，把“格子”说成“鸽子”。

6.3 对北京话入声韵母异读与清入归调异读不同发展倾向的思考

北京的清入归调，无论是归去声的“文读”、归上声的“白读”，还是派入四声的现状，都得不到其他官话方言的支持。我想，这应该是北京清入归去之文读的变化趋向完全不同于宕江曾梗入声字韵母文读的主要原因之一。

通过考察和思考，我们体会到，本次审音原则第二条所说的“充分考虑北京语音发展趋势，同时适当考虑在官话区中的通行程度”中的“北京语音发展趋势”，不仅仅是要充分考虑字音的来源和语音自然演变成类并整齐演变的原理，还要充分考虑不同方言接触造成的异读现象的变化规律——在竞争中胜出的异读，在历时变化中获得稳定地位的异读，其社会地位只是重要因素之一，其地理分布的广狭也是十分重要的因素。

七、一点思考

从新国音的审定开始，强调了以北京音为根据（单点的实际的方言而非人为制定的语言），放弃了设立北京话已不存在的尖团音和入声，这在制定通语规范的理论认识上是前进了一大步，从此通语的推广工作才得以开展。

但是，当时的社会语言学、语言规划理论等研究都还很薄弱，对国外语言规划的经验与教训也缺乏全面的了解，因此在一些细节方面还需要再斟酌。徐世荣先生在他的遗稿《〈普通话异读词审音表〉释例》中提到，20世纪二三十年代的规范太过强调北京音，收入了一些北京很土的很特别的词语中的音，有些太过了。

其他国家通用语言的制定原则值得我们借鉴。比如俄罗斯明确规定他们的标准语语音是莫斯科高中以上人群在正式场合所使用的语音。我国近十余年的审音工作（包括《现代汉语词典》字音的标注）也注意了这个问题，陆续淘汰了一些仅在北京土语词汇中使用的字音。

根据本文的考察和分析，建议对普通话里中古入声字异读按韵母和声调区分不同策略加以应对：

（1）对于入声韵母的异读的规范，宜有意识地向分布广泛的文读倾斜。其实，要推行向文读倾斜，首先要做的反倒是通过调查确定已经为广大地区大多数人熟知的少数白读，比如“饺雹白百粥肉”等，字数要少，作为地域较为狭窄但历史上有过较高地位的幽燕方音的遗存，可确定为正音。然后，其余的系与字音向文读倾斜——文读已经占优的可尽早统读为文读，文白势均力敌的应进一步限制白读所出现的词汇，之前把文读统掉了，但在群众中还有较广泛使用的可考虑先在少数词汇中恢复文读。

（2）对于清入归调的规范，要充分重视历史考察和方言地域考察的结果，要注意按照明代以来清入字声调异读发展的规律，北京话“清入归去”的文读是不大靠得住的，最有可能增加的反而是阴平，其次是阳平，少数口语中特别常用的字也可能有上声转占上风的个案。不过，地域考察的结果说明，北京清入归调恐怕还要乱一个阶段，在混沌中浮现新结构的时机可能还尚未成熟。

资料来源

[1]《方言调查字表》（修订本），中国社会科学院语言研究所编，北京：商务印书馆，1981。

[2]《汉语方音字汇》（第二版重排本），北京大学中文系语言学教研室编，北京：语文出版社，2003。

[3]《〈合并字学篇韵便览〉研究》，周赛华著，武汉：湖北人民出版社，2005。

[4]《京音字汇》，王璞著，香港中华书局印刷，1913。

[5]《李氏音鉴》，[清] 李汝珍著，木樨山房藏版，光绪戊子重修，北京大学中文系王力文库藏本（缺卷四第8页，据《续修四库全书》第260卷第441页补）。

[6]《蒙古字韵校本》，照那斯图、杨耐思著，北京：民族出版社，1987。

[7]《音韵逢源》，[清] 裕恩著，《续修四库全书》第258卷695–758页，上海：上海古籍出版社。

[8]《中原音韵音系》，杨耐思著，北京：中国社会科学出版社，1981。

参考文献

[1] 白涤洲．北音入声演变考 [J]. 女师大学术季刊，1931（2卷2期）.

[2] 陈　刚．古清入字在北京话里的演变情况 [J]. 中国语言学报，1988（3）.

[3] 高晓虹．方言接触与北京话入声字的历史层次 [D]. 北京：北京大学博士学位论文，2000.

[4] 高晓虹．北京话入声字文白异读的历史层次 [J]. 语文研究，2001（5）.

[5] 高晓虹．北京话古清入字归调历史及成因考察 [J]. 语言教学与研究，2003（4）.

[6] 高晓虹．北京话入声字的历史层次 [J]. 北京：北京语言大学出版社，2009.

[7] 郭　力．古清入字在《合并字学集韵》中的归调——兼论明代以后北京话中古清入字的归调变化 [J]. 语言学论丛（第19辑），1997.

[8] 李　荣．官话方言的分区 [J]. 方言，1985（1）.

[9] 利玛窦．利玛窦中国传教史 [M]. 刘俊余、王玉川译．台北：光启出版社，1986.

[10] 利玛窦、金尼阁．利玛窦中国札记 [M]. 何高济、王遵仲、李申译．何兆武校．北京：中华书局，1983.

[11] 刘淑学．中古入声字在河北方言中的读音研究 [M]. 保定：河北大学出版社，2000.

[12] 六角恒广．日本中国语教育史研究 [M]. 王顺红译．北京：北京语言大学出版社，1992.

[13] 鲁国尧．明代官话及其基础方言问题：读《利玛窦中国札记》[J]. 南京大学学报（哲学社会科学版），1985（4）.

[14] 鲁国尧．研究明末清初官话基础方言的廿三年历程 [J]. 语言科学，2007（1）.

[15] 平田昌司．清代鸿胪寺正音考 [J]. 中国语文，2000（6）.

[16] 钱曾怡主编．汉语官话方言研究 [M]. 济南：齐鲁书社，2010.

[17] 王洪君．兼顾演变、推平和层次的汉语方言历史关系模型 [J]. 方言，2009（3）.

[18] 王洪君．历史语言学方法论和汉语方言音韵史个案研究 [M]. 北京：商务印书馆，2014.

[19] 威妥玛．语言自迩集 [M]. 张卫东译．北京：北京大学出版社，2002.

[20] 徐世荣．普通话异读词审音表释例 [M]. 北京：语文出版社，1997.

[21] 张 倩．江西省信丰县城的官话方言岛 [J]. 文化遗产，2013（5）.

[22] 张卫东．试论南方官话的形成及地位 [J]. 深圳大学学报（人文社会科学版），1998（3）.

[23] 张卫东．北京音什么时候成为官话标准音 [J]. 深圳大学学报（人文社会科学版），1998（4）.

[24] 郑 光．蒙古字韵研究——训民正音与八思巴文字关系探析 [M]. 曹瑞炯译．北京：民族出版社，2013.

[25] 周赛华．《合并字学篇韵便览》研究 [M]. 武汉：湖北人民出版社，2005.

附录 1：元明清六部音书中宕江曾梗通入声字韵母异读例字及数据统计

1. 元代《中原音韵》（1324）〔据杨耐思（1981），大字库没有找到的字未列〕

（1）宕江入

au 类一读 56 字：博漠託拓橐饦柝蹼珞柞作鑿错遣昨索各涸壑熇愕爵鹊雀趞削斫酌灼绰婥烁铄妁芍脚谑箬剥驳捉卓琢戳捌朔稍擢角觉桷鷽瀹郭廓镬

au 类、o 类两读 42 字：薄泊箔幕莫寞铎度诺搭落络烙洛酪乐缚凿浊镯濯阁鹤恶萼鳄鹗略掠着杓弱蒻虐疟岳乐药约跃钥学

o 类一读 4 字：粕鄂垩若

总计：au 类共 56 + 42 = 98 字，o 类共 4 + 42 = 46 字，au 类：o 类 = 98 ：46 ≈ 2.1 ：1

（2）曾一入（没有无尾韵异读）

ei 类一读 10 字：北德得勒肋贼劾黑 / 国惑

ai 类一读 2 字：则刻

总计：ei/ai 类 = ei 类 10 字 + ai 类 2 字 = 12 字，ei/ai 类：e/o 类 = 12 ：0

（3）梗二入（没有无尾韵异读。含曾开三庄组入）

ai 类一读 42 字：伯百柏迫擘檗白帛舶拍魄珀麦貊陌蓦脉搦责帻摘谪侧窄箦迮策册栅穑骼革格客吓额厄客 | 仄昃侧色

总计：ai 类共 42 字，ei/ai 类：e/o 类 = 42 ：0

（4）通三入

u/iu 类一读 55 字：福幅蝠複腹覆复伏鹏袱服穆睦牧目陆俗筑畜菽叔淑缩谡菊踘麯郁育 29 以上屋三 | 録籙绿醁戮赎属触束蜀孰塾续足蹙促粟局①曲局辱玉狱欲浴鹆以上烛韵

u/iu 类、ou 类两读 8 字：逐轴竹烛粥褥熟宿

ou 类一读 2 字：六肉

总计：ou 类共 2 + 8 = 10 字，u/iu 类 55 + 8 = 63 字，ou 类：u/iu 类 = 10 ：63 ≈ 1 ：6.3

2. 元代《蒙古字韵》（1308）〔据照那斯图、杨耐思（1987），大字库没找到的字未列〕

（1）宕江入（一律在萧部入声，也即均属au类音，没有无尾韵类异读）

au 类一读 182 字：博泊箔粕薄簿礴幕莫寞漠膜摸

① 高文原注：《中原音韵》中“局”此处与“菊”同音，与群母字“局”不同。

塻瞙託拓橐饦柝铎度籜艖萚落络烙洛酪乐骆硌珞诺作鑿错昨凿柞酢怍筰鈼飵索各阁恪鹤涸蘁郝嗃貉皠恶垩蝁垩握渥幄偓喔鄂萼鳄鹗愕愣咢谔锷噩堮略掠搦爵雀瀞鹊嚼削着酌灼斫斮妁彴绰婥烁铄杓勺芍若弱蒻脚却谑虐疟药约跃钥鑰籥瀹剥驳駮朴璞樸雹捉卓倬涿琢啄诼椓逴趠踔浊镯濯擢浞朔矟槊觉角搉珏捔榷傕桷壳确嗀慤埆礐学嶨岳嶽乐鸑缚郭扩漷鞹霍藿癨擭彍镬穫濩艧蠖矱攫玃矍籰戄

总计：au 类字 182 字，无尾韵 o 字，au 类：o 类 = 182 ：0

（2）曾一入（开口在佳部入声，独立韵类，照那斯图等转写为 ij 韵；合口在支部入声，转写为 ue 韵）

ij 类一读 28 字：德得忒慝螣特塞勒肋仂扐则崱贼蠈刻劾克尅黑戾仄侧测恻色啬穑

ue 类一读 7 字：默纆墨国或惑蜮（注：未找到“北”字）

总计：ai/uei 类共 28 + 7 = 35 字，无尾韵 0 字，ai/uei 类：o 类 = 35 ：0

（3）梗二入（在佳部入声，属 aj 类韵；不含曾开三庄组入）

aj 类一读 81 字：搦责啧帻咋迮窄舴諎摘谪讁笮册栅策筴赜齰宅择泽翟伯百柏茁檗擘迫拍珀魄白帛舶鲌陌貉蓦貊麦衇脉霢眽额頟詻格狢骼隔鬲革茖客赫嚇爀铬覈翮核絯厄扼轭阨戹 | 虢蝈帼掴敋馘砉湱獲劃擭

总计：aj 类共 81 字，无尾韵 0 字，ai 类：o 类 = 81 ：0

（4）通三入（绝大多数字在鱼部入声，属 u/iu 类韵。个别字在尤部平上去声，属 ou/iou 类韵）

ou 类 8 字（其中今北方话无 iou 音的非组字占了 5 字）：覆$^{\text{3=富，又音浮的去声}}$辐$^{\text{3=富}}$復$^{\text{3=浮的去声}}$伏$^{\text{3=浮的去}}$複$^{\text{3=浮的去声}}$祝$^{\text{3=昼}}$妯$^{\text{1=抽}}$畜$^{\text{3=臭}}$（上标1—3分别表示声调平上去）

u/iu 类、ou 类两读 7 字：覆辐復伏複祝妯（仅“畜$_{\text{畜生}}$”一字无 u/iu 类异读）

u/iu 类 142 字：福腹複葍辐幅蝮揊副覆伏復服茯馥輹鵩箙匐鲋袱目睦牧缩谡蹜菊鞠掬鵴鞫匊鞏挶麴曲局跼竹竺筑築粥祝琡属屬嘱瞩俶柷触妯舳逐轴赎躅滀朒恧忸衄蹙顣蹴縬足踧促肃宿蓿夙鷫粟涑续俗叔倏菽尗束熟孰淑塾璹婌蜀属屬蓄畜畜牧搐旭頊勗欻郁彧燠薁墺澳隩稶玉狱育毓鬻煜昱蛸欲浴鹆慾谷峪六陆戮蓼渌绿醁籙碌騄逯娽肉辱褥蓐鄏缛溽

总计：ou 类共 8 字，u/iu 类 142 + 7 = 149 字，ou 类：u/iu 类 = 8 ：149 ≈ 1 ：18.6

3. 明代《合并字学篇韵便览》〔据周赛华（2005）仅取《汉语方言调查字表》所收字〕

（1）宕江入

au 类一读 1 字：饺

au 类、o 类两读 24 字：薄摸落烙酪乐$_{\text{欢乐}}$凿各阁郝鹤掠嚼着$_{\text{着落}}$芍焯疟脚约药雹觉$_{\text{知觉}}$学镬

o 类一读 66 字：博泊$_{\text{停泊}}$莫膜幕寞託托铎踱诺骆洛络作错昨柞索胳蘁恶鄂略爵鹊雀削勺绰若弱虐却钥跃剥驳酌卓桌啄涿琢捉戳浊镯浞朔角$_{\text{斗}}$确搉壳嶽乐$_{\text{音乐}}$郭廓扩霍藿劐镬缚握籰

总计：au 类共 1 + 24 = 25 字，o 类共 66 + 24 = 90 字，au 类：o 类 = 25 ：90 ≈ 1 ：3.6

（2）曾一入

ei 类一读 0 字

ei 类、ε 类两读 7 字：北得德黑贼勒国

ε 类一读 11 字：忒则塞刻克特墨默肋或惑

总计：ei 类共 0 + 7 = 7 字，ε 类共 11 + 7 = 18 字，ei 类：ε 类 = 7 ：18 ≈ 1 ：2.6

（3）梗二入（含曾开三庄组入）

ai 类一读 1 字：擘

ai 类、ε 类两读 12 字：百柏伯拍窄客白泽择宅侧色

ε 类一读 29 字：迫魄拆皴踖格赫嚇帛掐陌额摘责策册栅革隔扼轭核麦脉虢获劃测啬

总计：ai 类共 1 + 12 = 13 字，ε 类共 29 + 12 = 41 字，

ai类：ε类＝13 ：41≈1 ：3.2

（4）通三入

ou类一读0字

u/y类、ou类两读8字：服復畜畜生祝轴熟六肉

u/y类一读52字：福幅蝠複腹覆肃宿竹築缩粥叔菊掬麴畜畜牧蓄郁伏柎逐淑俗续目穆牧陆育足促粟烛嘱触束锔曲赎蜀属局绿录辱褥玉狱欲慾浴

总计：ou类共8字，u/iu类52＋8=60字，ou类：u/y类＝8 ：60≈1 ：7.5

4. **清代《李氏音鉴》**（1810）〔据《李氏音鉴·卷四第二十五问北音入声论》。下列例字中带方框者表示超出《方言调查字表》的字，含有它们的数据放在斜线后，但不计入文白比值的计算〕：

（1）宕江入

au类一读10/11字：郝嚼雀削芍勺疟钥籥脚雹

au类、o类两读11/12字：络烙酪落鹤略约藥药跃薄学

o类一读52/61：博箔橐莫漠寞摸託铎诺乐骆洛昨凿错索各阁搁胳鹊酌妁焯绰若弱爵却虐郭槨廓霍藿䨼蠖|剥驳扑撲卓啄琢涿捉戳浊镯濯擢斲朔角觉确壳（ko1/qyo4）岳嶽乐

总计：au类10＋11＝22，o类52＋11＝63，au类：o类＝22 ：63≈1 ：2.9

（2）曾一入

ei类一读3字：北黑贼

ai类一读1字：塞

ei类、o类两读4字：得德肋勒

o类一读12字：墨默特忒则克刻尅勀国或惑

总计：ei/ai类4＋4＝8字，o类10＋4＝14字，ei/ai类：o类＝8 ：14≈1 ：1.8

（3）梗二入（含曾开三庄组入）

ai类一读6/7字：白拍麦摘宅翟窄

ai类、o类两读4字：百柏陌择

o类一读20/36字：迫魄粕珀脉貊檗泽策册隔革格膈骼鬲挌蛒客额核覈赫|色测侧啬恻穑仄昃恻虢帼蝈获

总计：ai类6＋4＝10字，o类20＋4＝24字，ai类：o类＝10 ：24≈1 ：2.4

（4）通三入

ou类一读4/5字：六粥妯熟肉

ou类、u/y类两读1字：宿

u/y类一读61字：福幅蝠複腹覆服伏茯復穆牧目陆肃夙宿竹竺筑祝畜畜生叔菽轴缩逐淑孰塾俗续鞠菊麴畜畜牧蓄郁育鬻|绿录足粟烛嘱触束觫曲赎蜀属局辱（又yo）褥玉狱欲慾浴

总计：ou类4＋1＝5字，u/y类53＋1＝54字，ou类：u/y类＝5 ：54≈1 ：10.8

5. **清代《音韵逢源》**（1840）〔据高晓虹（2001）仅取《汉语方言调查字表》所收字。为与其他音书数据一致，笔者补齐了曾一梗二入合口字和通三入字中的《字表》所收字〕

（1）宕江入

au类一读2字：a雹饺

au类、o/e类两读32字：剥薄箔落酪络烙乐（au/uo/e）著着凿芍阁鄂鹤貉郝略嚼雀鹊削学角脚壳乐疟约药跃钥

o/e类一读57字：博泊驳莫膜寞摸幕缚铎踱托託诺洛骆作错昨柞索酌绰焯捉桌卓啄琢涿浊镯浞朔若弱郭廓扩霍藿劐镬握各胳搁恶掠爵觉鑁却确搉虐岳

总计：au类共2＋32＝34字，o/e类共57＋32＝89字，au类：o/e类＝34 ：89≈1 ：2.6

（2）曾一入

ei类一读0字

ei/ai类、e/o类两读8字：ei北得德勒肋贼黑/ai塞

e/o类一读10字：墨默特忒则刻克/国或惑

总计：ei类共0＋8＝8字，e/o类共10＋9＝19字，ei类：e/o类＝8 ：19＝1 ：2.4

（3）梗二入（含曾开三庄组入）

ai 类一读 0 字

ai 类、e/o 类两读 14 字：擘檗白伯百柏拍麦摘窄宅择拆色

e/o 类一读 26 字：帛迫魄陌脉格革隔客额核扼厄轭赫吓侧测责泽策册啬 / 虢获蝈

总计：ei类共 0 + 14 = 14字，e类共 26 + 14 = 40字，ei 类：e 类 = 14 ：40 ≈ 1 ：2.9

（4）通三入

ou 类一读 1 字：粥

ou 类、u/y 类两读 5 字：轴熟肉宿六

u/y 类一读 56 字：幅福蝠複腹覆服伏復目穆牧陆戮肃竹筑畜逐缩祝叔淑缩菊掬麴蓄畜郁育绿录足促粟俗续烛嘱触赎束蜀属辱褥锔曲局玉狱旭欲慾浴

总计：ou 类共 1 + 5 = 6，u/y 类共 56 + 5 = 61，ou 类：u/y 类 = 6 ：61 ≈ 1 ：10.2

（注：《音韵逢源》的《汉语方言调查字表》未收字中有白读音的只有“妯”文白两读一字；有文读音的字则很多，不再列举。）

6. 民国《京音字汇》（1913）〔据高晓虹（2001）仅取《汉语方言调查字表》所收字。为与其他音书数据一致，笔者补齐了曾一梗二入合口字和通三入字中的《字表》所收字〕

（1）宕江入

au 类一读 2 字：雹饺

au 类、e/o 类两读 27 字：剥薄烙络落酪凿绰芍勺郝鹤略掠鹊雀嚼脚角削学乐疟药钥跃觉

o/e 类一读字 60 字：博泊驳朴摸寞莫铎踱托託诺骆洛乐诺昨索作各阁搁胳貉鄂恶戳桌捉卓涿浞浊琢着酌镯啄焯斫朔若弱郭廓扩蝈霍藿镬握爵却壳摧确虐约岳嶽

总计：au 类共 2 + 27 = 29 字，o/e 类共 60 + 25 = 85 字，au 类：o/e 类 = 29 ：85 ≈ 1 ：2.9

（2）曾开一入

ei 类一读 1 字：肋

ei/ai 类、e/o 类两读 6 字：ei 北得勒贼黑 /ai 塞

e/o 类一读 11 字：墨默德忒特则刻克 / 国或惑

总计：ei 类共 1 + 6 = 7 字，e/o 类共 11 + 6 = 17 字，ei 类：e/o 类 = 7 ：17 = 1 ：2.4

（3）梗开二入（含曾开三庄组入）

ai 类一读 0 字：

ai 类、e/o 类两读 22 字：擘伯白帛柏百拍麦脉拆册摘宅择泽责窄侧仄色隔 / 获

e/o 类一读 19 字：檗迫魄陌格革客赫吓核厄扼轭额策测啬 / 蝈虢

总计：ai 类共 0 + 22 = 22 字，e/o 类共 19 + 22 = 41 字，ai 类：e/o 类 = 22 ：41 = 1 ：1.9

（4）通三入

ou 类一读 1 字：轴

ou 类、u/y 类两读 5 字：六粥熟肉宿

u/y 类一读 54 字：幅福蝠複腹覆服伏復目牧穆陆戮肃竹筑畜逐祝叔淑缩麴菊掬蓄畜郁育绿录足促粟俗续烛嘱触赎束蜀属辱褥曲局玉狱旭欲慾浴

总计：ou 类共 1 + 5 = 6，u/y 类共 54 + 5 = 59，ou 类：u/y 类 = 6 ：59 ≈ 1 ：9.8

（注：该类字的《汉语方言调查字表》未收字中有白读音的只有“妯”仅白读，“舳”文白两读；有文读音的字则很多，不再列举。）

附录 2：笔者所增加的清入多调字字例

1. 明代《合并字学篇韵便览》的清入三调字〔依据仅取声调异读的原则从周赛华（2005：153）第二个表中选择〕：

阴平 / 阳平 / 去声三调 6 字：喝（欱）剳揭拨撮匹，阴平 / 上声 / 去声三调 1 字：曦

2. 清代《李氏音鉴》的清入多调字（笔者自查。加方框的为《汉语方言调查字表》未录字、加圈的为影母字，未计入统计。来自全浊入、次浊入以及多调中来自中古非入声的未列入）：

阴平 / 阳平 13：识扎札速八惜隔滴激击绰棘拙蛱[illegible]即乌㊂邑

阴平 / 上声 5：郭劈撇曲鳖

阴平 / 去声 5：稷壳塞不肃

阳平 / 去声 3：得德的约

上声 / 去声 2：甲法

阳平 / 上声 / 去声 4：宿必百柏

阴平 / 阳平 / 去声 2：膝测

总计：阴平 13 + 5 + 5 + 2 = 25，阳平 13 + 3 + 4 + 2 = 22，上声 5 + 2 + 4 = 11，去声 5 + 3 + 2 + 4 + 2 = 16

A Difficult Issue in the Examination of Pronunciations in Putonghua—Variant Pronunciations of Ancient *Rusheng* Characters: Its History, Current Situations and Our Reflections

WANG Hongjun

Department of Chinese Language and Literature & Center for Chinese Linguistics, Peking University

Abstract: Firstly, this paper illustrates the five principles of the examination of Putonghua pronunciations, and shows that these principles are difficult to apply to the ancient *rusheng* characters. Secondly, the paper analyzes the variant finals and variant tones of *rusheng* characters in six important rhyme books about the pronunciation of Northern Common Language or Beijing dialect since Yuan Dynasty, which are, *Zhongyuan Yinyun*（《中原音韵》）, *Menggu Ziyun*（《蒙古字韵》）, *Hebing Zixue Pian Yun Bianlan*（《合并字学篇韵便览》）, *Lishi Yinjian*（《李氏音鉴》）, *Yinyun Fengyuan*（《音韵逢源》）, *Jingyin Zihui*（《京音字汇》）. Furthermore, combining the social factors, the paper analyzes the causes and the tendencies of these variant pronunciation changes. Thirdly, the paper examines the different types of *rusheng* variant pronunciations in Mandarin dialects and their geographical distributions, and analyzes the relationship between regional distribution and the historical change mentioned in previous literature. At the end of the paper, it puts forward some reflections on how to deal with the examination of *rusheng* characters.

Keywords: Putonghua; variant pronunciations of the finals of *rusheng* characters; variant tones of voiceless *rusheng* characters

作者简介

王洪君，北京大学中文系教授，北京大学中国语言学研究中心研究员，博士生导师。主要研究方向：历史语言学、音系学、现代汉语词法。

（通信地址：100871 北京市海淀区颐和园路 5 号 北京大学中文系）

我国外语使用政策的重要探索与实践*

——《公共服务领域英文译写规范》介评

张日培　上海市教育科学研究院国家语言文字政策研究中心

[摘　要]《公共服务领域英文译写规范》是教育部语言文字信息管理司提出并归口的关于公共服务领域各类服务信息用语英文翻译和书写的国家标准。该规范体量庞大、内容丰富，其目的是解决公示语英文译写不规范的突出问题，其制定原则体现了我国社会有关公共服务领域英语使用的多种不同的语言意识。作为一项对境内外语使用的语言管理行为，它在我国外语使用政策实践与理论发展方面具有标杆性意义。但它也存在一定的局限性，其推广应用更需要加强策略研究。

[关键词]《公共服务领域英文译写规范》　介评　公示语翻译　语言政策

一、引言

外语政策是一个国家语言政策的重要构成。改革开放以来，伴随着国际化和信息化的发展，我国出现了“有限的外语生活”（李宇明，2012），对外语政策、外语规划的理论研究与实践探索亦随之在各个层面展开。外语生活包括外语学习和外语使用，因此面向外语生活的外语政策可以分为外语教育政策和外语使用政策。就使用而言，我国的外语生活尽管还是“有限”的，但也已进入了经济、政治、文化、教育、外交、军事等各个方面，渗透在工作、生活、学习的各个场域，涉及机关政务、大众传媒、公共服务等各个领域。其中，交通、旅游、商贸、金融、餐饮、住宿等公共服务领域的外语使用需求大、数量多、政策性强、社会关注度高，是我国外语使用政策研究与实践的重点和难点。

由教育部语言文字管理司提出并归口的《公共服务领域英文译写规范》（GB/T 30240.1-2013，以下简称《英译规范》）是关于公共服务领域各类服务信息用语英文翻译和书写的国家标准，是我国第一项针对外语使用的语言文字规范标准，是新时期我国语言文字领域重要的政策实践。从语言政策分析与研究的角度看，作为公示语①（public signs）翻译研究的最新成果，《英译规范》是为解决我国语言实践中公示语英文译写不规范的突出问题，在各种不同语言意识的综合影响下形成的一项具有标杆性意义的外语使用政策。

本文将介绍《英译规范》的主要内容、目的宗旨，综述影响《英译规范》的各种语言意识，分析《英译规范》的制定原则及其折射出的国家关于外语使用的政策理念，探讨《英译规范》在我国语言政策实践与理论发展中的地位与作用。

---

* 本文是国家语言文字工作委员会（以下简称“国家语委”）“十二五”科研规划重大项目“母语的地位作用及和谐语言政策构建”（ZDA125-10）、国家语委“十二五”科研规划项目“外国语言文字在中国境内使用的相关标准研制”（WT125-10）、国家语委“十二五”科研规划项目“国家语言文字法律法规体系研究”（YB125-13）、国家语委“十二五”科研规划自筹项目“公示语外文译写规范管理研究”（ZC125-60）、国家语委“十三五”科研规划重点项目“国家语言文字智库建设研究”（ZDI135-12）的成果之一。

① 从已有研究情况看，在含义相近的“公示语”“标识语”“告示语”等若干术语中，“公示语”使用最多，但总体上还是一个学术术语，众多学者分别给出过不同定义，虽然大同小异但尚无定论。有鉴于此，《英译规范》在命名时没有采用该学术术语。但作为学术探讨，本文在相关场合仍将使用这一术语，以便于分析相关研究进展情况。

二、《英译规范》的主要内容

《英译规范》共有10个部分，体量庞大、内容丰富。以下从四个维度予以简单介绍：

2.1 通则和分则

《第1部分：通则》规定了通用于各公共服务领域的关于英文译写的基本原则、方法和要求，于2013年12月31日由中华人民共和国国家质量监督检验检疫总局、中国国家标准化管理委员会（以下简称“国家标准委”）发布，自2014年7月15日起实施。

第2部分—第10部分是针对特定服务领域的分则，具体为:《第2部分：交通》《第3部分：旅游》《第4部分：文化娱乐》《第5部分：体育》《第6部分：教育》《第7部分：医疗卫生》《第8部分：邮政电信》《第9部分：餐饮住宿》《第10部分：商业金融》，9个分则共涉及13个服务领域。第2部分—第10部分于2015年11月通过了国家语言文字工作委员会（以下简称“国家语委”）语言文字规范（标准）审定委员会的审核，并形成了报批稿报国家标准委，由国家标准委终审后颁布实施。

2.2 正文和附录

《英译规范》的每一部分都包括“正文”和“附录”。“正文”是对不同服务领域英文译写的方法和要求的原则性规定。“附录”以中英文对照的方式提供了公共服务领域各类公示语的英文译法示例，为“资料性附录”。已经颁布施行的《第1部分：通则》列有308条译法示例，即将颁布的第2部分—第10部分共列有3 400余条译法示例。

2.3 场所机构名称和公共服务信息

根据译写方法的不同，《英译规范》将公共服务领域的公示语区分为“场所和机构名称”用语从及“公共服务信息”用语两种情况，就其英文译写分别做出了具体规定：

场所和机构名称采用“译、写①结合”的方法。（1）专名用汉语拼音拼写。同时允许两种例外的情况，一是本身来源于英文的专名，二是有实际含义、需要向服务对象特别说明的专名，允许使用英文。（2）通名用英文翻译。其中特别规定“专名是单音节时，其通名部分视作专名的一部分，先与专名一起用汉语拼音拼写，然后用英文重复翻译”。（3）专名、通名以外的修饰或限定成分，又区分为两种情况：行政区划名用汉语拼音拼写（通常可以省略不译）；序列、方位、属性、特点等修饰限定成分使用英文翻译。

公共服务信息使用英文翻译。根据英文译写规律的不同，公共服务信息分为五类:（1）功能设施信息，即标示某一服务设施名称、功能的信息，如“电梯”“消防栓”等;（2）警示警告信息，即警示服务对象注意相关事项的信息，如“小心地滑”;（3）限令禁止信息，即告知服务对象不得发生某种行为的信息，如“禁止吸烟”;（4）指示指令信息，即要求服务对象采取某种行为的信息，如“请将手机静音”;（5）说明提示信息，即关于服务行为的告示性信息，如“节假日照常营业”。《英译规范》针对不同情况分别提出了译写方法和要求。

2.4 翻译和书写

《英译规范》所要规范的语言文字使用行为既指向“翻译”，也指向“书写”。除了前述的“翻译”问题，该规范还对英文书写（包括印刷版式）规范做出了规定，具体包括大小写、标点符号、字体、空格、换行方面的要求。

---

① 这里的“写”指“转写”或“拼写”，而不是“书写”。“转写”“拼写”严格说不属于“翻译”的问题，但有时也被认为是一种翻译方法——音译。因此“译、写结合”也可理解为“意译、音译结合”。同时，“意译”有时被理解为相对于“音译”的概念，有时则被理解为相对于“直译”的概念。

三、《英译规范》的目的宗旨

国家制定《英译规范》的根本目的是为了扭转改革开放以来伴随着我国公共服务领域英文使用需求激增而出现的大量公示语英文译写不规范现象，为相关社会使用提供参照标准，为各级政府及其他相关部门管理社会语言文字使用提供依据。

3.1 公示语英文译写乱象

我国在公示语中使用英文，始于改革开放以后。在将中文公示语翻译成英文的过程中，出现了大量英文译写不规范的现象。21 世纪以来，相关问题受到了社会各界的广泛关注，各种翻译错误经常被媒体报道并引发讨论；在当下的自媒体时代，相关翻译错误进一步在更大的范围内传播，并持续引发更多的关注。同时，相关问题也成为翻译学界的研究热点。北京第二外国语学院 2002 年成立了公示语翻译研究中心，全国公示语翻译研讨会从 2005 年至 2014 年定期召开了三届。在中国知网中以“公示语翻译”进行主题检索可得 2 669 篇学术文献[①]，在“知网学术趋势”工具中以“公示语翻译”为关键词查询，可见其“学术关注度”从 2005 年以来不断上升并在 2014 年达到峰值。受各方面条件的限制，已有研究中具有统计意义的实证研究不多，因而无法对公示语英文译写不规范情况的严重程度提供数据支撑。已有的大量研究大致分为两类：一类是理论研究，探讨公示语的特点及功能、公示语翻译原则及方法，赵湘（2006）、杨永和（2009）等对相关情况进行了详细介绍；另一类是调查研究和案例研究，主要是在一个特定区域范围内（如一个单位、一处公共场所或一座城市）收集翻译不规范的案例，分析错误类型、提出改进策略。如北京第二外国语学院公示语翻译研究中心（2007）将公示语样本反映出的现象分为拼写、语法、对词、表达、胡译、过度、标准、自语、中式、未译、欠缺、统一、无误、拼音、管理，共 15 种；潘文国（2010）将公共场所英语标识语错译现象分析为拼写错误、形近而误、机译误植、词语误用、单复数错误、时态错误、文体错误、按字硬译、过度翻译等 31 种类型。这些研究表明，公示语英文译写错误类型多样而复杂，这从一个侧面反映出我国公示语英文译写不规范情况已经十分严重。

3.2 政策选择

社会各界对公示语英文译写不规范现象予以负面评价，主要包括：影响了语言使用的工具职能和交际功能，不仅未能实现为在华外籍人士提供信息便利的初衷，反而使他们感到困惑；反映出国民英语水平低下，语言规范意识淡薄；损害了国家形象。2010 年的“两会”[②]上，陕西省副省长朱静芝等十几名全国政协委员联名递交提案，建议制定颁布全国统一的外文译写规范，进一步推动该问题进入国家语言的政策议程。

公示语英文译写不规范问题归根到底是急速增长的英文使用需求与国民英语水平普遍低下之间的根本性矛盾所导致的。绝大多数公示语的英语译文出自非英语专业人士之手，有的是刚刚毕业的大学生，有的是牌匾制作行业的美工设计人员。还有相当数量的翻译错误是毫无英语能力的人使用翻译软件造成的，如 2012 年初沪陕高速崇启大桥休息区曾将“公共卫生间”译作 Between Public Health。[③]经查，这正是当时“谷歌翻译”工具的自动翻译结果（现在该工具提供的译文已改为 Public Toilet）。解决这一根本性矛盾的措施无非有三：一是加强英语教育，全面提高国民的英语能力，这是能够彻底解决问题的“治本”措施，但需要相当长的时间才能发挥效能；二是设立专业机构专司公示语英文翻译，为社会提供翻译服务，但这属于市场手段，在公示语规范意识普遍匮乏的现阶段，相关市场需求尚未形成；三是为公共服务领域的英文

---

① 检索时间为 2016 年 2 月。

② 指全国人民代表大会十一届三次会议和全国人民政治协商会议十一届三次会议。

③ 见 http://society.chinaso.com/detail/20151224/1000200032889601450947567396397777_1.html。

使用提供译写方面的参照标准，同时依据标准加强对公示语英文译写不规范现象的检查与整改，这是现阶段具有可操作性的选择。

四、影响《英译规范》的语言意识

语言意识是语言社区关于语言的认识、对待语言的态度（李宇明，2016），是语言社区对语言本身和使用的信念（博纳德·斯波斯基，张治国译，2011）①。语言意识对语言实践以及试图改变或影响语言实践的语言管理具有重要影响。②影响《英译规范》的语言意识是我国社会对公共服务领域英语使用的各种不同看法、认识和态度。

4.1 语言意识的多样性

我国社会对公共服务领域英语使用的看法、认识和态度复杂多样，主要涉及外语在我国语言生活中的功能地位问题、我国国家通用语言文字与外语使用的关系处理问题、中英语言接触问题，以及对强势英语的态度、对公示语英文译写不规范现象的态度、公示语英文译写策略选择等。有的问题认识一致（如对公示语英文译写不规范现象的负面评价），而有的问题认识多元。从价值取向的维度，可以归纳出四种语言意识：语言主权意识、语言服务意识、语言规范意识和语言资源（权利）意识。

语言主权意识对“滥用”英语有着清醒的认识并保持警惕，断言我国社会的英语使用已近“泛滥”，对通过《英译规范》科学规划英语在我国语言生活中的功能并进一步巩固和维护好国家通用语言文字的主体地位抱有较大的期待，认为保持语言的独立性才能提升国家的国际形象。

语言服务意识对语言使用持开放的态度，关注国家在国际化进程中的语言需求，承认并正视全球化趋势下英语的国际通用地位，认为制定《英译规范》是为了方便在华外籍人士的工作和生活，改善我国的外语服务，通过服务展现国家的包容性、促进改革开放、提升国家的国际形象。

语言规范意识是我国传统的语文雅正观在外语使用领域的延伸，关注语言使用的规范化、标准化问题，认为语言规范意识是国民的基本文化素质，强调任何一种语言的使用都应纯正、地道，在翻译策略的选择上注重跨文化交际，对改变“中式英语”要求强烈。

语言资源（权利）意识对语言变异持包容的态度，将各种语言及其变体视作资源，认为语言的变异及语言变体的存在不仅有其客观必然性并且是有价值的，应当关注不同语言及其变体的母语使用者的语言权利，反对语言纯净主义，对创造“中国英语”③并使其成为英语的全球区域变体之一，进而提升我国在国际空间的文化影响力抱有热情。

4.2 多样性的语言意识对《英译规范》的影响

多样性的语言意识对《英译规范》的影响聚焦于公示语英译策略的选择。不同语言意识在以下问题上形成了交锋：（1）公示语原文中具有实际意义的语言信息是否都要翻译出来提供给有需求者；（2）中国地名中有实际语义信息的成分（如“××山、××机场、××桥”中的“山、机场、桥”）应当使用汉语拼音转写还是应当用英文翻译；（3）公示语原文的文学性是否需

① 张治国在博纳德·斯波斯基（Bernard Spolsky）的《语言政策——社会语言学中的重要论题》的中文译本中将“语言意识”译作“语言意识形态”“语言信仰”。

② 博纳德·斯波斯基（Bernard Spolsky，张治国译，2011）认为，语言实践、语言意识形态（语言信仰）、语言管理（语言规划）是分析语言政策的三要素，这三个要素是三位一体的，即彼此依赖而又互相独立。

③ “中国英语”（China English）不是“中式英语”（Chinglish），“中式英语”不符合英语的规律和习惯，是不地道的英语，而“中国英语”是规范的英语。程媛（2007）在综述国内学者关于“中式英语”和“中国英语”的研究情况时指出，大多数学者认为：中国英语是以规范英语为核心，用来表达中国特有的事物与现象的一种英语变体，它是英语国家使用的英语跟中国特有的社会文化相结合的产物，是国际使用型的英语变体。

要保留，如“小草微微笑，请您绕一绕”是根据原文用英文进行文学性的二度创作，还是套用 Keep Off the Grass 等英语国家的使用习惯；（4）在美国英语和英国英语的不同英语变体中如何选择；（5）英文书写规范的问题要不要涉及，本规范是否以及能否为英语做正字法；（6）国内已有的使用习惯要不要照顾，本规范提供的参照性规范译文是否需要同国家标准委、全国科学技术名词委员会等颁布的相关规范标准中的所列译文保持一致；（7）“附录”部分的公示语英文译写示例是否需要总量控制；等等。《英译规范》在各种语言意识的协商互动、交锋妥协中做出的选择体现为下文要讨论的制定原则。

五、《英译规范》的制定原则

《英译规范》的研制是一项浩大的工程，从 2011 年 5 月启动到 2015 年 11 月各分则报批国家标准委，前后历时四年有余。其主体工作是众多中英文专家、翻译专家、语言政策与规划专家共同为数千条公示语个案选择、确定参照性的规范英语译文。不同个案之间表现出的共性问题，成为译文选择时的原则性问题。研制组确定原则的过程，受到了我国社会对公共服务领域英文使用的各种语言意识的影响，最终确定的制定原则是各种语言意识的统筹兼顾与综合体现。这些原则大多转化为“正文”的规定，进一步成为我国公共服务领域英文使用的基本原则，同时折射出国家在相关问题上的政策理念和价值导向。译文选择的原则性问题数量众多、层次不一，以政策理念和价值导向为视角，可以归纳为功能导向原则、服务导向原则、规范导向原则。

5.1　功能导向原则

功能导向原则是指对我国公共服务领域的英文使用进行科学规划和准确定位，并将这种规划和定位体现在规范文本及其制定过程之中。根据李宇明（2008）、张日培（2009）等关于语言功能规划的最新研究成果，就我国公共服务领域的语言使用而言，国家通用语言文字发挥主导功能、居主体地位，英文发挥服务功能、居辅助地位。《英译规范》在以下方面体现了这一原则：

第一，公共服务领域的英文使用是辅助与其语义相同的我国语言文字发挥信息服务功能的，因此公共服务领域不应只用英文而不用中文（即单独使用英文），并且有的场合不应使用英文[①]。《英译规范》就此作了多项规定，包括：（1）公共服务领域英文译写应符合我国语言文字法律法规的规定，在首先使用我国语言文字的前提下进行。（2）党政机关名称的英文译写用于对外交流，不得用于机关名称标牌。（3）公共服务领域英文译写应准确表达我国语言文字原文的含义。

第二，为保证国家通用语言文字的主体地位，公共服务领域的英文使用应当遵守我国《国家通用语言文字法》及其他相关法律法规的规定。《英译规范》就此所作的规定包括：（1）地名的罗马字母拼写应符合我国语言文字和地名管理法律法规的规定。……地名标志应执行 GB 17733。（2）公共服务领域英文译写应符合我国标准化法律法规的规定，公共服务信息在 GB/T 10001 中已经规定了图形符号的，应首先按照标准的规定使用公共信息图形标志。（3）汉语拼音的使用应符合《汉语拼音方案》及 GB/T 16159 的规定，可以不标声调符号。

第三，为聚焦英文的服务功能，公共服务领域的英文使用应当以“对外服务现实需要、确有必要”为前提，而不应不做区分地将所有公示语都翻译成英文，以致过度使用甚至“滥用”英文。为此，《英译规范》规定“公共服务领域英文译写应根据对外服务的实际需要进行”，对外服务中没有现实需要的不应翻译。根据这一原则，研制组对初期收集到的拟用于“附录”部分示例的 2 万余条公示语基础语料逐一进行了服务功能判断和必要性甄别，舍去了相当一部分因文化差异实际上不具对外服务功能的公示语，如“创建文明城市”“文明单位”“顾客为先，服务至上”等。

① 研制组认为，不应单独使用英文和有的场合不应使用英文的规定同样适用于其他外语语种的使用政策。

5.2 服务导向原则

服务导向原则是指促进公共服务领域的英文使用切实发挥好准确、便捷地传递各类公示信息、服务信息的功能，为不懂汉语但懂英语的在华外籍人士提供语言服务。《英译规范》在规范文本的结构体例、公示语的翻译策略等方面体现了这一原则：

第一，在规范文本的结构体例方面，通过“附录”为各服务领域的3 700余条公示语提供了参照性的规范英语译文，最大限度地提供语言服务。研制组为此建设了包含2万多条公示语语料的数据库，基础语料来源于北京、上海、江苏、浙江、山东、青岛、广西、广东、陕西9个省市2006年以来陆续颁布的英文译写地方标准①，以及《标志用公共信息图形符号》（GB/T 10001）、《道路交通标志和标线 第2部分：道路交通标志》（GB/T 5768.2-2009）、《旅游景区服务指南》（GB/T 26355-2010）、《快递服务 第1部分：基本术语》（GB/T 27917.1-2011）、《邮政业术语》（GB/T 10757-2011）、《邮政业务词汇》（YZ/T 0005，各部分）等与公示语、服务信息等有关的国家标准或行业标准。研制组进而对这些基础语料进行了加工处理，包括语义排重、原文改写以及英文使用需求分析（必要性审核）等，最终确定的3 700余条反映了领域语言生活的特点，系统且较为充分地考虑了各公共服务领域的公示语使用需求。

其中，《第9部分：餐饮住宿》列出了餐类、菜类、菜系名、烹饪方法等条目，但未就中文菜名进行英文译写示例。中文菜名英文译写虽然具有一定的使用需求，但由于往往含有特殊的中国文化内涵，难以确定统一的标准译文，可以通过其他适当的方式提供英文译写方面的咨询服务，但不宜列入国家标准。

第二，就公示语的翻译策略而言，服务导向原则体现在三个方面。一是将具有实际意义的语言信息都翻译出来提供给有需求者，相关规定包括：中国地名的罗马字母拼写在遵守我国语言文字和地名管理法律法规的前提下，“作为公共服务设施的台、站、港、场，以及名胜古迹、纪念地、游览地、企业事业单位等名称，根据对外交流和服务的需要，可以用英文对其含义予以解释”；场所和机构名称中除专名和通名以外的序列、方位、属性、特点等修饰成分用英文翻译。二是译文“通俗易懂，便于理解，避免使用生僻的词语和表达方法”，这既在“正文”部分作了原则性规定，又在“附录”部分的翻译实践中予以贯彻体现。三是简洁、醒目、快捷地表达和传递相关公示信息，在3 700余条参照性译文中，能用单词的不用短语、能用短语的不用句子，CAUTION、WARNING等单词全部大写。此外，至少在《英译规范》所列的公示语范围内，排除了文学翻译，中文原文带有文学性的也改写为同义的祈使单句，如将“来也匆匆，去也冲冲”改写为“便后请冲水”，将“小草微微笑，请您走便道”改写为“请勿践踏草坪”，这既是考虑到语言使用的经济原则，也是为了避免因文化差异而导致信息误解。

第三，服务导向原则不仅体现为对最终服务对象（在华外籍人士）的需求关切，还体现在努力为中间服务对象（规范使用者，如英文标牌制作者、语言管理者等）提供使用便利。如：对数量众多的公示语译法示例以特定领域语言生活场景的转换为视角进行分类和排序，以便使用者检索；对公共标志中的字母字体、标点、空格、断行等做出细致的规定，提出具体的建议，并在作为示例的译文中严格执行，以便使用者“按图索骥”地直接使用；对同一公示语在不同情境中应使用不同译文的情况，逐一做出具体说明，以免使用者混淆。

5.3 规范导向原则

规范导向原则是指确保关于公示语英文译写的规则设定以及3 700余条公示语参照性译文符合英文的语言规范和使用习惯。这是《英译规范》目的宗旨的内在规定性原则。规范的制定者为此采取了多项措施，如：不

① 这些地方标准中的语料大多基于地方相关行业主管部门提出的使用需求。

仅组建了专司调研起草工作的研制课题组，还成立了由国家语委主任亲自担任顾问、由近30位各界专家组成的专家委专司质量鉴定与审核，全程介入课题组的研制工作；坚持“开门定规范”①，在不同范围内广泛、多次征求意见，研制过程历经“工作讨论稿”“征求意见稿”“鉴定稿”“送审稿”“报批稿”五个大的阶段，各部分、各阶段征集到的修改意见和建议总计超过2 000条。《英译规范》及其制定过程中对这一原则的贯彻落实主要体现在以下方面：

第一，规定公示语英文译写“应根据信息的内容和意图等意译，并尽量使用英语国家同类信息的习惯用语”。在《英译规范》所列的公示语范围内，研制组坚持采用“套用”的翻译策略。这是兼顾服务导向原则和规范导向原则的重要策略，“套用”的译文一定是以英语为母语或主要外语的外籍人士最为熟悉、传递信息最经济、最高效的译文，同时也确保符合英语的语言规范和使用习惯。为此，研制组通过实地考察、网络搜索等多种手段收集了大量英语国家或地区的公示语实例，研制组有关成员还编著出版了收集数千条北美地区公示语实例的《常用标志英文译法手册》（杨永林，2012）；同时，就每一条规则设定以及3 700余条译法示例逐一听取了多位以英语为母语的语言专家的意见。《第1部分：通则》颁布后，社会对“更换尿布处”的参照译文一度提出质疑，研制组提供了大量英语国家的使用例证支撑了译文的规范性。

第二，确保“附录”部分的3 700余条参照译文严格执行“正文”部分所设定的各项规则要求，同时在有关具体问题的处理上保持一致。这些问题主要包括：（1）名词原则上使用单数，除非明确指向一个以上的对象以及英文使用习惯上必须使用复数的。（2）原则上不使用定冠词，除非英文使用习惯上必须使用的。（3）一般使用名词作定语，即“名词+名词”格式，但英文使用习惯中的固定搭配除外。（4）指示指令类服务信息中Please的使用根据指令内容、要求的强度决定，不根据中文中有无“请”字来决定。涉及人身安全等重大事项的，不用Please；一般性的提醒事项，中文中有“请”字的，可以使用Please。（5）为保证中英文一致，服务设施的类名，如“售票处”的“处”和“员工通道”的“通道”等一般应译出，并在括弧内说明在什么情况下可以省略不译。

第三，为使用者提供多种译文选择。这是由于：（1）作为国际通用程度最高的语言，英语在全球多个地区形成了地域变体，并且英语是“唯一没有学术机构加以规正的大语种”②。也就是说，英语的语言规范是习惯法，因此同一公示语在全球不同地区可能有不同的使用习惯，并都具有一定的通用程度，在此情况下，“遵守规范”与“尊重差异（变异）”成为语言规范的一体两面。（2）世界上任何两种不同的语言之间都不可能是一一对应的关系，汉英之间有“一对一”“一对多”“多对一”“多对多”等各种复杂的对应关系，在此情况下，为某些具有复杂对应关系的公示语提供多种英语译文成为翻译规范的内在要求。鉴于上述两种情况，《英译规范》“附录”部分的译法示例不乏列有多个英语译文的公示语条目，所列多个译文的排序反映了通用程度的高低。同时，《英译规范》规定“同一事物或概念，英语国家用不同词语表达的，选择国际上更为通用的英文词语”“同一词语，在英语国家有不同拼写方法的，选择国际上更为通用的拼写方法”“同一场所中的词语选用和拼写方法应保持一致”。如baggage和luggage（行李）都有一定的通用程度，各机场、车站等可以任意选择一个使用，但同一个机场或车站内使用的拼法应保持一致。

六、《英译规范》政策价值

《英译规范》是我国新时期语言文字领域重要的政策实践，对我国外语使用政策及其理论发展具有重要价值。

---

① 引自李卫红《规范外文译写 做好语言服务 为国家的改革开放事业做出贡献——在〈公共服务领域外文译写规范·英文〉专家委员会成立大会上的讲话》，2011年8月29日。具体内容参见http://www.moe.gov.cn/publicfiles/business/htmlfiles/moe/s6152/201201/129766.html。

② 引自http://edu.sina.com.cn/en/2016-02-09/doc-ifxpfhzk8883604.shtml。

第一，《英译规范》对我国外语使用政策及其理论发展具有标杆性意义。外语使用政策包括使用场合政策和使用规范政策。前者是关于特定场合“当用”“可用”还是“禁用”外语的政策，后者是关于“当用”“可用”场合中的外语译写应当合乎规范的政策。在《英译规范》颁行之前，我国的外语使用政策及其实践处于碎片化状态：关于使用场合的政策规定散见于不同的法律法规（如《中华人民共和国广告语言文字使用暂行管理规定》），关于使用规范的标准散见于不同的规范标准（如《标志用公共信息图形符号》列出了各图形标志的英语译文）；上海市在实施《中华人民共和国国家通用语言文字法》的地方性法规中规定“招牌、告示、标志牌等需要使用外国文字的，应当用规范汉字标注”；北京、上海、广西、广东等省市针对奥林匹克运动会、世界博览会、中国东北亚博览会、亚洲运动会等大型国际活动的语言服务需求，制定颁布了公共场所英文译写规范的地方标准，并依据标准开展了公示语英译检查整治活动。显然，上述外语使用政策及实践具有明显的领域或地域局限性，《英译规范》努力对这些碎片化的政策规定与实践进行整合。作为一项语言文字规范标准，其本身就体现了对使用规范的政策追求，同时又通过相关规定就外语使用场合政策进行了初步而有价值的探索，从而成为我国外语使用政策及其理论发展的一个标杆。这些探索对国内的外语使用管理已经产生了重要影响。在《第 1 部分：通则》颁布后的 2014 年 9 月，上海市政府颁布了我国第一个专门针对外文使用的省级政府规章《上海市公共场所外国文字使用规定》，其中关于“国家机关的名称牌禁止使用外国文字”“公共场所的招牌、告示牌、标志牌等禁止单独使用外国文字”“公共场所的标牌、设施上使用外国文字的，应当符合国家和本市颁布的外国文字译写规范；没有相关译写规范的，应当符合外国文字的使用习惯和国际惯例”等，其核心规定的立法依据均来自《英译规范》。

第二，《英译规范》对我国语言政策及相关理论研究具有重要的促进作用。《英译规范》对公示语的类型分析、采用的公示语翻译策略以及对 3 700 余条公示语的翻译实践，丰富和发展了我国的公示语翻译理论，并将推动相关研究在此基础上进一步深入发展。《英译规范》对公共标牌上使用的外语的译写规范问题的关注，拓展了语言景观理论的研究视野，该理论主要考察某个地区或区域公共与商业标牌上语言的可见性与突显性问题（尚国文、赵守辉，2014），而规范性问题同样值得该研究深入分析其内在的语言意识及政策动因。《英译规范》对列入示例范围的公示语语料的遴选、在多种不同语言意识的综合影响下采取的翻译策略，对构拟语言翻译政策的理论框架等提供了实践例证。该框架至少应当包括在主导性语言意识影响下的三项选择：源语言及其内容（原文）选择、翻译策略选择、目标语言（语种）选择。而这三项选择都具有国家战略意义，在诸如“一带一路”建设、大国外交、周边外交、民族和谐、中国文化走出去等不同导向下，选择的结果各不相同。

七、结语

由于受到多种不同语言意识的综合影响，《英译规范》也还存在着难以避免的局限性。如中国地名译写不统一的问题未能彻底解决，同一地名，比如“首都国际机场”，地名标志中的汉语拼音 Shoudu Guoji Jichang 与地名标志以外对外服务场合中的英文解释 Capital International Airport 将使服务对象感到困惑。类似的情况还有语言主权占主导意识的地名（路名）标志和语言服务占主导意识的交通指示牌中对同一地名、路名的译写方法不一致，与公民英语教学中对中国地名的译写习惯也不一致的问题。又如 3 700 余条公示语英文译写示例绝大多数采用了“套用”的翻译策略，但仍有相当一部分英语国家没有同类信息的公示语，采用了其他译写方法，这些方法以及对一些细节问题的处理原则有待进一步归纳总结和理论探讨，并通过合适的方式上升为译写原则和规定。

此外，《英译规范》是推荐性标准，其贯彻实施有赖于全社会公示语英文译写规范意识的普遍确立，解决公示语英文译写不规范的突出问题更需要规范实施部门加强对本规范的宣传推广，以及依据本规范的监督检查和语用管理，构建一个适应我国社会结构特点的关于公共服务领域英文（包括其他外文）使用的现代治理体系。

总之，体量庞大、内容丰富的《英译规范》源于改革开放以来我国语言生活中英语使用的实际需求，我国社会对公共服务领域英语使用的各种不同语言意识（看法、认识和态度）综合而成的压力正是规范制定的原动力，其制定过程及最终成果是多样化语言意识互动协商、交锋、妥协的产物，它本身就构成了语言管理的具体行为，对我国外语使用政策实践及其理论发展具有标杆性意义。但它仍有一定的局限性，其推广应用还需要加强策略研究。

参考文献

[1] 北京第二外国语学院公示语翻译研究中心 . 全国公示语翻译现状的调查与分析 [J]. 中国翻译，2007（5）.

[2] 博纳德・斯波斯基 . 语言政策——社会语言学中的重要论题 [M]. 张治国译 . 北京：商务印书馆，2011.

[3] 程　媛 . 中国英语的特点及与中式英语的区别 [J]. 十堰职业技术学院学报，2007（2）.

[4] 李宇明 . 当今人类三大语言话题 [J]. 云南师范大学学报（哲学社会科学版），2008（4）.

[5] 李宇明 . 中国外语规划的若干思考 [A]. 赵蓉晖 . 国家战略视角下的外语与外语政策 [C]. 北京：北京大学出版社，2012.

[6] 李宇明 . 语言研究与社会语言意识——序《中国语言文字政策研究发展报告（2015）》[A]. 教育部语言文字信息管理司组编、国家语言文字政策研究中心编著 . 中国语言文字政策研究发展报告（2015）[M]. 北京：商务印书馆，2016.

[7] 尚国文、赵守辉 . 语言景观的分析维度与理论构建 [J]. 外国语，2014（6）.

[8] 上海市语言文字工作委员会办公室、上海市公共场所名称英译专家委员会秘书处 . 公共场所英语标识语错译解析与规范 [M]. 上海：上海外语教育出版社，2010.

[9] 杨永和 . 我国新世纪公示语翻译研究综述 [J]. 外语教学，2009（3）.

[10] 杨永林 . 常用标志英文译法手册 [M]. 北京：商务印书馆，2012.

[11] 张日培 . 治理理论视角下的语言规划——对“和谐语言生活”建设中政府作为的思考 [J]. 语言文字应用，2009（3）.

[12] 赵　湘 . 公示语翻译研究综述 [J]. 外语与外语教学，2006（12）.

Important Explorations and Practice of the Policy on the Use of Foreign Language in China
—A Review of *Guidelines for the Use of English in Public Service Areas*

ZHANG Ripei

National Research Center of Language Policies,

Shanghai Academy of Educational Sciences

Abstract: This paper presents a brief introduction as well as an in-depth discussion on China's first professional standard for the use of English in public sectors, namely *Guidelines for the Use of English in Public Service Areas* (hereinafter referred to as *Guidelines*). Drafted under the leadership of the Ministry of Education and the National Language Committee of China, the *Guidelines* includes selective and thoughtful guidelines for both C-E translation and printing of service information in major public service areas. The purpose of the *Guidelines* is to solve C-E translation problems in public signs which are found serious in China. Based on the above introduction, the author argues that the *Guidelines*' drafting principle contains many different language philosophies about the use of English language in Chinese public sectors. Then, in the light of its being an administrative practice on foreign language use in China, the author highlights the *Guidelines*' remarkable significance in language policy studies. The author concludes with a calling for more researches on the popularization and application of the *Guidelines* after a brief analysis of its limitations.

Keywords: *Guidelines for the Use of English in Public Service Areas*; review; translation of public signs; language policy

作者简介

张日培，上海市教育科学研究院国家语言文字政策研究中心副主任，助理研究员。《公共服务领域英文译写规范》专家委秘书处成员，“外国语言文字在中国境内使用的相关标准研制”课题组成员。主要研究方向：语言政策与语言规划。

（通信地址：200032 上海市徐汇区茶陵北路 21 号 上海市教育科学研究院国家语言文字政策研究中心）

语言政策规划

“语言管理理论”：源流与发展*

何山华　扬州大学外国语学院

戴曼纯　北京外国语大学

[摘　要] “语言管理理论”(Language Management Theory) 是作为对20世纪80年代之前传统语言规划研究的反思而出现的一种理论，试图脱离对政府的依赖，维护弱势群体的语言利益。该理论基于欧洲学者诺伊施图普尼(Neustupný) 的“语言问题”理论，主张宏观语言规划应以微观层面的语言问题为出发点；语言管理可遵循一定的步骤以发现并解决语言问题；对于语言活动的管理应基于交际层面的管理，而交际管理应基于社会文化管理。该理论通过提倡“简单管理”与“有序管理”的互动而试图调和语言规划研究中“自下而上”和“自上而下”两种规划路径，体现出一种有别于英美研究传统的理论特质。

[关键词] 语言管理　语言规划　宏观规划　微观规划

人类对于自身的语言行为进行有意识的控制和管理，是一种历史悠久的活动。这种活动可以是私人交流中的字斟句酌，也可以是举国行之的识字教化。显然，这种管理有别于单纯的语言层面的产出和理解活动，需要对语言及语言行为采取一种超然的、反观式的认识方式，属于元语言 (meta-linguistic) 活动。对于这种管理行为的系统研究和理论化描述，是现代语言学发展的产物，一般认为属于社会语言学的范畴。

20世纪50年代后，非洲和亚洲新独立的国家在国家构建过程中开展的大量语言管理活动催生了语言规划研究的发展，出现了第一批经典理论（Rubin & Jernudd，1971；Rubin et al.，1977）。当时的理论有两个主要特点：一是聚焦于国家层面的规划，依赖于国家权威（Nekvapil，2006）；二是高度乐观，坚信语言规划会很快推动政治和社会向现代化转型（Baldauf，2012）。然而至80年代后，学者们已经认识到各国政府对于专家建议从来只采用对他们有利的那部分，而社会问题依然存在，于是开始反思之前的研究方向（Baldauf，2012）。“语言管理理论”（Language Management Theory，以下简称“语管论”）在此背景下出现，提出语言规划应以交际活动中的具体语言问题为出发点和归宿，将注意力引向微观层面和底层关切以及相关的社会背景，试图建立一种视野更为开阔的理论体系。数十年来，“语管论”的发展呈现出旺盛的生命力，在西方社会语言学界，特别是急需理论突破的语言政策和语言规划领域得到了越来越多的认可。本文将对“语管论”的思想源流、理论主张、发展应用、学界地位以及近况进行介绍和评价，并将尝试为该理论未来的发展方向提出几点看法。

* 本文系教育部人文社会科学重点研究基地重大项目“欧洲转型国家语言政策研究——语言权利与小族语言保护问题”(14JJD740013) 阶段性成果。

一、理论简介

1.1　理论概述

"语管论"将语言活动区分为两种：一是语言产出和语言接受（language production and reception）；二是对这种产出和接受进行干预的行为，即"语言管理"（language management）[①]。"语管论"认为语言管理分为个人进行的简单管理（simple language management），或机构（包括学校、公司、或政府）进行的有序管理（organized language management）；语言管理既包括口语也包括书面语，涉及所有的语言媒介和语言形式；语言管理应与交际管理和社会文化管理同时进行。因此"语言管理"与费什曼（Fishman，1971）所提的"施于语言的行为"（behavior toward language）这一概念非常类似，可以用于指所有对语言行为进行调整的活动。"语管论"致力于在一个统一的框架内分析上述不同层次和不同维度的所有语言管理活动，将研究对象限定为元语言层次，使自身在语言学框架内自动区别于传统的结构语言学，成为一个独立的分支领域。

1.2　名称辨析

在对"语管论"进行讨论时，有两点需要注意：一是"语管论"的一些早期理论并未冠以"语言管理"的名称；二是一些学者基于不同的理论内容也使用了"语言管理"这一术语。

在语言规划研究领域，早期曾出现过大量术语用于指代语言管理活动，如"语言工程"（language engineering）、"语言处理"（language treatment）、"语言规范"（language regulation）和"语言发展"（language development）等（Cooper，1989：29；Spolsky，2004：8），后得到学界广泛接受的主要是"语言政策"（language policy）、"语言规划"（language planning）和"语言管理"（language management），其中以"语言规划"使用得最为普遍（Cooper，1989：29）。在1986年魁北克召开的"语言规划国际研讨会"（International Colloquium on Language Planning）上，"语管论"的创始人颜诺和诺伊施图普尼（Jernudd & Neustupný，1987）认为：之前的研究大都局限于宏观层面的语言规范行为，建议用"语言规划"来指代当时的已有研究；宏观的语言规划应以发现微观层面交际活动中的语言问题为前提，以解决这些问题为最终目的，并第一次正式提出用"语言管理"[②]来指代那之后的研究。正是在这个意义上，诺伊施图普尼（Neustupný，2012）提出了"关于语言管理的诸理论"（theories of language management）这一说法。

其实诺伊施图普尼（Neustupný，1974）关于"语言问题"的研究在1986年之前已在国际学术界广为人知（Cooper，1989：29），而他有关如何解决语言问题的论述是在"语言匡正"（language correction）这一术语之下进行的。诺伊施图普尼（Neustupný）使用"语言匡正"来指代"个人或机构所进行的有规划或无规划的，有意识或无意识的语言矫正行为"；同时将"语言处理"作为"语言匡正"的一个下位概念，用于指社会范围内对于语言问题有组织的处理；而"语言规划"是"语言处理"的下位概念，仅指基于理论指导的，系统理性的语言处理（Jernudd，1982）。这些研究正是"语管论"的前期理论基础，后来被称为"语管论"的"语言规划"阶段（Neustupný，2012）。

进入21世纪后，"语言管理"这一术语的使用变得更为频繁，似乎出现了一种从"语言规划"向"语言管理"转向的趋势，甚至有人认为这意味着一种研究范式的转变（Nekvapil，2006；Ozolins，2013）。有学者（Mwaniki，2011）梳理了目前使用"语言管理"

① 国内有学者曾将"language management"译为"语言治理"（周庆生，2005），不过鉴于"治理"一般对应于英文"governance"，而该词具有特定的理论涵义，根据笔者与周庆生老师的交流，本文使用"语言管理"的译法，以示区别。

② 值得一提的是，当时这一术语与发源于加拿大本土语言规划研究的法语术语"aménagement linguistique"形成对应，以至于在随后的很长时间内被当成同义术语（Kaplan & Baldauf，1997：27）。

这一术语的三种主要学术传统，分别是：以色列—美国；欧洲—亚洲—太平洋；非洲。第一种传统以斯波斯基（Spolsky，2004、2009）为代表。他起初用“语言管理”作为“语言规划”的近义词，与语言理念和语言行为共同组成一个语言社区“语言政策”的三个核心成分，将其定义为“任何试图改变或影响语言行为的行为”（Spolsky，2004：5）。后来，斯波斯基（Spolsky，2009：4）推出“领域”（domain）的概念，将“语言管理”修改为“具有权威或宣称具有权威的个人或群体，在某一领域内，对参与者的行为或理念公开进行改变的行为”，部分地整合了“语管论”的观点。欧洲和亚太地区的传统其实就是“语管论”的使用传统，关于其具体内涵我们在后文详述。而非洲学者对“语言管理”的使用是对前述两种传统的借鉴与互动，试图给这一概念添加更多的内涵，但因参与人数不多，至今未形成较大影响（Nekvapil & Sherman，2015）。

应该说，上述三种使用方法都可以归入“关于语言管理的诸理论”，但“语管论”的特殊之处在于它是唯一一个长期系统使用“语言管理”这一术语的理论，并基于这一概念构建了一个独有理论，为其赋予了新的内涵。而其他学者，如斯波斯基（Spolsky，2009）对于“语言管理”这一术语的使用依然是近乎“语言规划”的，与“语管论”具有根本性的区别（Nekvapil，2012a；Nekvapil & Sherman，2015）。

二、思想源流

2.1 创始人物

“语管论”主要由诺伊施图普尼（Neustupný）和颜诺（Jernudd）共同创立，但前者贡献更大一些。这两位学者均出身欧洲，不过后来主要在欧洲之外从事研究工作。

诺伊施图普尼（Neustupný）（1933—2015）出生于捷克斯洛伐克，曾在布拉格的查理大学（Charles University in Prague）攻读日语和远东历史，精通德语、俄语、拉丁语和古希腊语，并学习过印地语和乌尔都语。1966年起在澳大利亚莫纳什大学（Monash University）担任日语教授，在该校创立澳大利亚首个日本学研究中心。1993年退休后赴日本高校继续执教，曾获授“旭日中绶章”。2015年7月病逝于日本。他关于“语管论”的很多论述都是基于捷克（1993年以前为捷克斯洛伐克）和日本的语言管理实践，或日裔学生在澳洲和欧洲的言语行为。颜诺（Jernudd）系瑞典裔学者，是国际上最早参与语言规划研究的专家之一，在20世纪60年代末就参与了由费什曼（Fishman）领导、福特基金会（Ford Foundation）资助的“语言规划过程”项目，并与拉宾（Rubin）共同编辑了语言规划领域早期的奠基作品之一——《语言可以规划吗？》（*Can Language Be Planned?*）（Rubin & Jernudd，1971）。后在香港浸会大学任英语语言文学系首席教授（Chair Professor），现移居美国华盛顿。

颜诺（Jernudd）与诺伊施图普尼（Neustupný）两人均参加了1966年在美国召开的“发展中国家语言问题大会”，后来又同赴莫纳什大学任教，因此两人很早就开始了在“语言管理”研究方面的合作。两人在1986年于加拿大召开的“语言规划国际研讨会”上宣读了“语管论”的经典文献《语言规划：为谁而行？》（*Language Planned: For Whom?*）（Jernudd & Neustupný，1987）。鉴于二人均是国际知名学者，因此“语管论”自提出之初就得到了国际学界的关注，而两人在后来的数十年中分别发表了大量文章对此进行发展和完善，是“语管论”毫无疑义的创始者。

2.2 理论渊源

“语管论”由诺伊施图普尼（Neustupný）和颜诺（Jernudd）于1986年共同正式提出，但其核心思想所基于的“语言问题”理论在此之前已由诺伊施图普尼（Neustupný，1968、1978）提出，有较长的发展历史。

首先，毫无疑问，诺伊施图普尼（Neustupný）的思想受到了布拉格学派相关思想的影响。他早年在布拉格学习时曾师从布拉格学派成员斯卡里契卡（Skalicka），并在随后的10年中与其保持了密切的关系。[①]在20世纪上半叶，以马泰修斯（Mathesius）等人为首的布拉格语言学派在捷克斯洛伐克进行了语言规划实践和研究，成为美国之外的又一早期语言规划研究重镇（Kaplan，2011）。该派当时考虑到捷克斯洛伐克国家新创，急需对捷克语[②]在新形势中的使用进行规范，因此侧重于对捷克语的细节进行改善（Neustupný, 2006），通过对标准捷克语的定义和划界，建立了对于具有悠久文学传统的语言如何进行标准化的重要原则（Neustupný, 1968）。这一方式被称为"语言培养"（language cultivation），后来在国际上得到广泛认可，成为一种与"语言政策"（language policy）并列的两大语言处理方式之一（Kloss，1977）。而这一理论的核心概念之一"规范"（norm）后来成为"语管论"中的一个重要概念，即语言管理的依据。此外，布拉格学派对于语言在社会使用方面的兴趣以及有关"言语"（parole）和"语体"（style）的论述，均对诺伊施图普尼（Neustupný）有深刻影响。这种影响是如此显而易见，使其后来甚至被与布拉格学派的中兴联系在一起（Jernudd，2013）。

其次，一个明确无误的理论来源是海姆斯（Hymes）的"交际民族学"（Ethnography of Communication）理论。1964年海姆斯（Hymes）到访布拉格，诺伊施图普尼（Neustupný）与其结识，接触了"交际民族学"并受其启发，提出了交际管理和社会经济背景与语言问题之间的联系（Neustupný，1993），诺伊施图普尼（Neustupný）甚至曾声称他对该理论的使用"超过了世界上任何人"[③]。

事实上，诺伊施图普尼（Neustupný，1968）曾明确承认他的理论借鉴了布拉格学派以及海姆斯（Hymes）的有关理论。颜诺（Jernudd，2013）认为，正是上述思想促成诺伊施图普尼（Neustupný）形成了在更广的语境中思考语言问题的观点，使其超越语言（language code）本身，而关注交际以及交际的环境。此外，颜诺（Jernudd，2013）还指出，鉴于诺伊施图普尼（Neustupný）成长于20世纪前期的捷克斯洛伐克，他也接受了马克思主义思想的成分，比如阶级斗争思想，这可以在一定程度上解释他的理论为何坚持社会经济因素决定人的交际行为，以及不同的社会群体具有不同的利益，并呼吁年轻人反抗压迫，追求个人自由和言论自由。

2.3　传承延续

1966年美国的"发展中国家语言问题大会"是语言规划作为一个现代学科的起点，"语管论"思想的萌芽也是在这个会议上出现的（Jernudd，2013），因此在这个意义上，"语管论"是与语言规划这一学科同步成长的，只不过它后来逐步发展成为一个独立的理论（Jernudd，1990）。

1966年之后，"语管论"思想的重要发展来自诺伊施图普尼（Neustupný）将语言规划立足于语言问题的主张（Neustupný，1978），即将微观层次的语言交流视为语言问题的来源，并要求宏观的语言规划必须以解决这些问题为目标。这就将有关语言规划的理论思考转向了微观层次（Kimura，2005）。"语言问题"理论是诺伊施图普尼（Neustupný）前期研究的积累和突破，在国际学界获得了较大的影响，他本人也视其为一生最重要的学术成就。[④]

颜诺（Jernudd）和诺伊施图普尼（Neustupný）

① 参见诺伊施图普尼（Neustupný）的日裔妻子玲子·诺伊施图普尼（Reiko Neustupný）所写的一篇他的小传，具体内容见http://languagemanagement.ff.cuni.cz/system/files/documents/neustupny_portrait.pdf，2015年10月20日下载。

② 根据捷克斯洛伐克1920年的《语言法》，1920—1938年间，捷克斯洛伐克的官方语言应称为捷克斯洛伐克语，不过该语言主要以捷克语为基础，而捷克斯洛伐克在原捷克地区以及在国际场合仍然使用捷克语。

③ 同脚注①。

④ 同脚注①。

自1986年提出“语管论”之后，对此理论进行了持续的阐述和发展（Jernudd & Neustupný，1987；Neustupný，1987；Jernudd，1990、1991、1993；Neustupný & Nekvapil，2003），但其思想内核仍然是“语言问题”理论。诺伊施图普尼（Neustupný，1994：50）曾指出：“任何语言规划的行为都应始于对话语中语言问题的考察，语言规划的过程只有在这些话语中的语言问题被消除之后才能视为完成。”以费什曼（Fishman，1987，转引自Jurnudd，1993：133）为代表的主流研究将“语言规划”定义为“当局为实现语言地位和语言本体方面的目标而进行的资源配置”，在“语管论”看来，这种定义预设了一个条件，即政府的决策者已经明确了语言问题所在，而“语管论”认为语言规划的第一步，应当研究语言问题是如何从人们的语言使用中显现出来的（Jernudd，1993）。

进入21世纪后，诺伊施图普尼（Neustupný）和颜诺（Jernudd）仍保持了活跃，继续为“语管论”的发展提供自己的见解。不过在他们之后，新一代的“语管论”研究团队已经形成，成为“语管论”发展最重要的推动力量。“语管论”在澳大利亚、日本和中欧国家均有传承，三处的研究侧重略有不同（Kimura，2013），但总的来说都有着同样的理论基础（Nekvapil & Sherman，2015）。其中最为重要的研究力量应属布拉格查理大学的内克瓦皮尔（Nekvapil）教授及其研究团队。内克瓦皮尔（Nekvapil）1983年在捷克斯洛伐克获得博士学位，对语言管理、社会语言学、布拉格学派等均有深厚研究。他与诺伊施图普尼（Neustupný）和颜诺（Jernudd）有很好的私人关系，很早就接触了“语管论”思想，领导着一批来自捷克及周边国家的语言学家致力于“语管论”的进一步发展，取得了丰硕的成果。

三、理论主张

3.1 核心概念

（1）利益（interest）

“语管论”的一个基本假设就是，语言规划中不同的参与者和社会群体都具有不同的利益诉求，但掌握不同的权力。因此“语管论”的早期理论就自觉地区别于当时语言规划研究主要服务于政府的做法，对个人和群体的语言权利给予特别关注（Neustupný，1984）。后来，“语管论”正式引入利益的概念（Jernudd & Neustupný，1987），指出语言管理参与者的不同利益，将导致完全不同的管理进程，并对这一机制进行了分析。正是在这个意义上，“语管论”被称为“关于人民权力抗拒政府强权的学术回应”①（Jernudd，1993：134）。

（2）简单管理和有序管理

“语管论”认为语言管理可以分为两种，简单管理和有序管理。简单管理指的是即时的（on-line）、初级的（simple）、基于话语（discourse-based）的管理，主要指个人在日常对话过程中对自身或对话者的具体语言特征进行干预和影响，如自行从方言转用标准语，或纠正对方的口误等；有序管理指的是在即时交流之外（off-line），更具目的性（directed）的管理，通常具有系统性，如国家进行的语言规划。与简单管理相比，有序管理具有几个典型的区别性特征：管理行为涉及大范围交流（trans-interactional）；由具有相应权力的社会团体或国家机关实施管理；管理者之间会就管理行为进行协商；理论或意识形态会更公开地施加影响；管理作用目标不限于交流中的话语，也指向整个语言系统（Nekvapil，2012b：167）。

（3）规范

规范是“语管论”中的一个重要概念，简

① 原文为“an academic response to people power in reaction against central imposition”。

而言之是语言管理者所认为正确的语言行为准则（Neustupný，1985）。它是管理的依据，绝大多数情况下是管理行为的起点。"语管论"认为，在语言使用的过程中，不同的使用者会应用不同的规则，只有获得"管理者"认可的那部分规则才能被称为"规范"，对这些规则的错误应用便被视为"偏离"（deviation）。

（4）管理过程（management process）

"语管论"认为管理的过程可以分为五个阶段：①关注（noting），管理者会注意到语言使用中对"规范"的偏离；②评估（evaluation），管理者对上述偏离进行评估，评估结果可能是积极的，也可能是消极的，或中性的；③制定调整计划（adjustment planning），管理者根据评估结果，就所能利用的资源制定干预计划；④执行（implementation），管理者对计划进行执行；⑤反馈（feedback/post-implementation），对执行结果进行检查和评估。在经典的"语管论"论述中，在"关注"之前，还有一个步骤"偏离"，指的是语言使用者的话语对规范发生偏离。近年来有人指出，"关注"这一过程必然已经包含了"偏离"。没有对象的"关注"是不可想象的。有时"一致"也可能引发"关注"，并导致管理调整。因此"偏离"这一步后来不再被视为管理过程的触发条件（Nekvapil，2012a、2016）。而"反馈"是根据日本研究团队的成果新近加上去的，指对执行结果的检查（Kimura，2013、2014）。

上述关于管理过程的介绍同时适用于简单管理和有序管理，"有序管理的过程是简单管理过程的复杂版"（Neustupný，2002）。在有序管理中，学者或社会群体通过一定的方式提请国家和社会对某一语言现象的"关注"，并随之引发政府有关部门的"评估"，制定"计划"，对相关语言和政治元素进行调整，最终对计划进行"实施"（Nekvapil，2012a）。这一管理过程是普遍适用于各种交流形式的，包括各种语体、风格和交流场景（Nekvapil，2009：5），甚至可以用于解释一般的交际活动。

需要注意的是，"语管论"认为上述管理过程并不总是完整执行，而是有可能在任何一个步骤结束。换言之，管理者可能在关注到某一语言现象之后，并不对其进行评估，或评估之后并无意制定干预计划，或制定了计划但最终放弃实施。此外，鉴于语言使用者可能会为交流中潜在的问题进行提前准备，或在交流之后进行补救，诺伊施图普尼（Neustupný，2004b）曾提出过"预管理"（pre-management）和"继管理"（post-management）的概念。与此类似，内克瓦皮尔和谢尔曼（Nekvapil & Sherman，2009）正式引入了"交流前管理"（pre-interaction management）及"交流后管理"（post-interaction management）的概念，前者指为即将发生的交流活动进行的准备，如查阅背景资料、查看字典等，甚至包括为了避免口头交流而转用书信交流；后者是指在交流完成后进行的后续工作，但不包括为下一次具体交流做准备的工作。

（5）管理层次（management levels）

"语管论"认为管理活动会在不同范围内发生，既包括国家范围内的规划活动，也包括更小范围内如城市、学校以及个人进行的语言管理。不同层次的管理活动对应着拥有不同权力的管理主体。诺伊施图普尼（Neustupný，1997: 29—30）曾将管理中可能涉及的层次梳理为：国际组织—中央政府—地方政府—教育机构—媒体—公司—民族或其他社会组织—社区—家庭—个人。"语管论"认为，在每一个层次都可以发生完整的管理过程。

（6）管理维度（dimensions of language management）

"语管论"的理论维度并不仅限于语言，同时包含与语言相关的另外两个层次，即交际管理和社会文化管理。简要言之，语言维度管理（linguistic management）是基于语言规范的，多关注语法和语用意义上的规则；交际维度管理（communicative management）是基于交际规范的，如交际关系的构建、交际环境的选择和改变、交际中的超语言因素等；社会文化维度管理（sociocultural management）

是基于社会规范的，如语言意识形态和相关的经济、政治、文化政策。这三者之间存在等级秩序，即成功的语言管理必须以成功的交际管理为前提，并在根本上以成功的社会文化管理为前提（Neustupný & Nekvapil，2003）。

3.2 主要理论特征

“语管论”最重要的理论特征有三个：第一是简单管理和有序管理之间存在互动关系；第二是语言管理过程依据程序性步骤进行；第三是语言、交际和社会文化三个维度管理之间存在等级关系。

首先，“语管论”认为，简单管理与有序管理之间持续互动，形成一个循环，即有序管理应尽量基于简单管理，并落实于简单管理。正如诺伊施图普尼（Neustupný，1994：50）所说：“我认为任何语言规划都应始于对话语中语言问题的考察，同时只有将上述问题消除之后，语言规划的过程才能宣告结束。”理论界认为这意味着“语管论”倡导一种“自下而上”（bottom-up）的语言规划方式，正如颜诺（Jernudd，1993：134）所指出的，“语管论”赋予民众以管理的资格，由民众针对日常交流中潜在的语言问题，自行发现并建议各种有效的问题解决方案。但实际上“语管论”并未排斥“自上而下”（top-down）的规划路径，因为有序管理就是一种强调高层规划的管理方式，只是“语管论”强调这种管理必须落实到具体的交际中，即必须真正解决规划之初所针对的语言问题。通过这一主张，“语管论”将语言规划中的宏观规划（macro planning）和微观规划（micro planning）通过一种辩证的关系结合起来，呈现出与其他语言规划理论关注宏观而忽略微观所不同的理论特质（Nekvapil，2012a）。

“语管论”的第二个重要特征是对语言管理过程的分析。“语管论”强调所有的语言管理者都必须认真思考语言管理过程的所有步骤，特别是最初的两步，即关注和评估。尽管这两步并不一定导致后续的调整，但这是管理者发现语言问题的关键步骤（Neustupný，2012）。

“语管论”的另一个重要理论判断就是，语言、交际和社会文化三个维度的管理呈等级递进关系，即语言维度必须基于交际维度，交际维度则基于社会文化维度的管理。“语管论”认为语言管理，特别是有序管理，不能仅关注语言本身，而应将语言问题置于更广的社会环境中进行考察，从根本上解决问题。正如诺伊施图普尼（Neustupný，1993）在研究中东欧的罗姆人问题时指出，罗姆人所面临的语言困境必须在社会经济、族际和族内交往以及语言交流三个层面同时采取有力政策才可能得到解决。

3.3 研究方法

“语管论”研究中最重要的一个原则就是有序管理必须与简单管理相结合，因此其研究方法包括宏观层次语言规划研究以及微观层次话语分析所常用的各种研究方法，并特别重视对个体交际话语的分析技术。

总的来说，“语管论”在数据采集上，会使用到社会学和语言学常用的田野调查和文献检索技术；在数据分析上，则包括定量和定性分析方法。有序管理研究会涉及语言规划中的政策制定、成本核算和政策评估等技术，而大规模语料分析则可能涉及语料库技术。简单管理的研究则涉及各种话语分析技术和方法，“语管论”要求理想的话语分析应包括自然交际过程中所有的声音和视觉方面的信息（Neustupný，1994：50），要求对交际过程进行严格的转写。此外，“语管论”研究需对“关注”“评估”“制定调整计划”等步骤进行分析，涉及心理现象分析，因此会使用一些常用的心理学数据采集技术，如“后续访谈”（follow-up interview）或“交互式访谈”（interaction interview）等访谈技术，比如在交际活动结束之后请参与者根据录音、录像或回忆就其交际中的表现进行描述和解释。

四、发展应用

4.1　理论发展

自20世纪80年代末至今，经过两代学者的努力，“语管论”已建立起了基本的理论构架，并保持了较好的持续发展能力，主要成果可包括如下方面：

（1）理论框架的完善

理论框架的发展一直是“语管论”研究的重点，研究者自觉将其视为首要的研究任务予以推进。以“管理过程”为例，近年来的进展包括对“偏离”这一步骤的取消和“反馈”这一步骤的加入。日本学者木村（Kimura，2014）提出了管理过程循环论，即语言管理过程中的各步骤可以构成一个首尾相连的循环，简单管理和有序管理之间的互动也可以构成一个循环。此外，目前有成员在专门研究“一致”这一现象以及积极的评估结果所激发的管理过程（Nekvapil，2016）。2015年9月在日本召开的“第四届语言管理理论国际研讨会”（4th International Language Management Symposium）便是以“管理过程”为主题的。

（2）概念内涵的明确和深化

“语管论”的研究者一直在尝试对其核心概念进行更为清晰的界定和说明。比如对于“语言管理”这一概念，原先表述为对“语言产出”行为的影响，现在则扩充成对“语言产出和语言接受”行为的影响（Nekvapil，2009）。语言管理的三个维度中的语言维度管理，原来叫“狭义语言管理”（language management in a narrow sense），以区别于包含三个维度的“广义语言管理”，后将名称调整为语言维度管理，同时也不再使用广义语言管理的说法。而对于“社会文化维度管理”，早期有论述使用的是“社会经济管理”，后来变成“社会文化和社会经济管理”，后来变成“社会文化管理（包括社会经济管理）”，如今统一改成“社会文化（包括社会经济）管理”。此外，2012年《亚太交际研究》（*Journal of Asian Pacific Communication*）出了一期“语管论”专刊，专门讨论“关注”这一概念，有约10篇文章对“关注”涉及的问题进行了深入的讨论。

（3）理论内容的丰富

“语管论”认为该理论为分析人类语言管理活动提供了一个框架，在这一框架内可以纳入几乎所有种类的语言管理活动，甚至为其他人类活动提供借鉴。因此研究者们一直在尝试吸收其他相关领域的研究成果，丰富“语管论”的理论内容。

在前期发展中，“语管论”吸收了海姆斯（Hymes）的“交际民族学”理论，将其用于分析不同交流领域的管理策略（Neustupný，1987；Neustupný & Nekvapil，2003）。早期有关交际中最佳语言形式问题的讨论，也提及了乔姆斯基（Chomsky）的转换生成语法（Neustupný，1978：21、213），甚至对韩礼德（Halliday）系统功能语法中有关交际中的语法和非语法层面关系的论述也有所借鉴（Nekvapil，2009）。

诺伊施图普尼（Neustupný，2004a）曾指出，“语管论”应充分吸收现代语言学研究成果，包括常人方法学（ethnomethodology）、互动社会语言学（interactional sociolinguistics）、语言习得、批评话语分析、语言权利、语言帝国主义、多文化政策理论等，甚至包括语言管理的历史。而目前“语管论”研究团队中的大量人员确实广泛涉猎各个领域，为“语管论”的发展补充了新的内容。

4.2　理论应用以及对语言规划研究的影响

（1）主要应用

“语管论”非常重视实证研究，目前日本、澳大利亚和欧洲的研究团队已经将“语管论”的理论框架广泛应用于各种管理活动的分析。比如日本团队专注于具体交际情境中的语言管理，包括日本人之间、日本人在海外、留学生在日本，以及语言多样性与语言管理等问题。[①]欧洲团队则主要从事多语社

① 具体成果列表，参见日本“语言管理研究会”网站：https://lmtjapan.wordpress.com/出版物-publications/プロジェクト報告書-project-reports/，2015年10月5日访问。

会中的语言管理以及国家权力等话题，包括对捷克、斯洛伐克和克罗地亚等国语言管理情况的全面分析（Neustupný & Nekvapil，2003），对欧洲跨国公司语言管理的系列研究，对欧盟法律中语言意识形态的分析（Dovalil，2015），甚至关于社交媒体语言的分析。澳大利亚团队则主要关注学校或学术语境下的语言管理问题。

（2）对语言规划研究的影响

"语管论"对于语言规划研究领域最大的贡献当属对宏观规划和微观规划的调和。

在语言政策和语言规划研究中，长期以来都有"宏观规划"和"微观规划"的区分（Fishman，1981），前者指国家层面进行的语言规划活动，其影响范围往往是全国性的，而后者仅指较小范围内的规划，如一个城市、一个学校、一个公司或一个人，这两者之间形成一个连续统，包含了不同规模的语言规划，因此也有人（Annamalai & Rubin，1980）提出"中观规划"（meso planning）的概念，用于指介于两者之间的规划层次。与此相对应，根据语言规划主体的不同，可以分为"自上而下"和"自下而上"两种语言规划（Kaplan & Baldauf，1997：1），前者指由拥有权力的当局不与语言使用者和学习者协商，通过其权威推行的语言规划，而后者指没有政府参与的小范围社会主体所主导的语言规划。

由于对微观规划的强调，"语管论"曾被认为是一种主张"自下而上"规划方式的理论（Williams，1994），但实际上它完整描述了"自上而下"和"自下而上"这两种规划活动之间的互动机制（Nekvapil & Sherman，2015）。"语管论"自我定位为"关于语言管理的诸理论"的一种，但同时认为自身在研究范围和普遍适用性上超过其他理论，因而又自称为"语言管理的一般理论"（general theory of language management）（Neustupný，2004a）。

此外，"语管论"学者对语言政策优劣的评估标准也提出了自己的看法。诺伊施图普尼（Neustupný，1968）就曾提出过四个基本原则：（1）有利于社会的整体发展；（2）为所有社会成员提供平等的机遇；（3）有利于社会团结；（4）有利于改善外交关系。这些评判原则，即使是放在今天，仍然具有很高的指导价值。

五、地位与近况

5.1 学界地位

总的来说，西方语言规划研究界依然是由英美研究传统占据主导地位的，作为一个发源于中欧的理论，"语管论"一直没有成为主流。但"语管论"自问世以来，就独树一帜，成为西方研究界无法忽视的理论，且近年来其影响有扩大的趋势。

1986年"语管论"刚被提出来的时候，得益于两位初创者在世界范围内的影响，西方语言规划的主流研究界立即就注意到了这一新的提法（Nekvapil，2016）。豪根（Haugen）在70年代即盛赞诺伊施图普尼（Neustupný）是一位杰出的语言规划研究理论家，对其理论给予较高评价。[①]费什曼（Fishman，1987，转引自Jurnudd，1993）将"语言管理"与"语言规划"作为两种不同的研究规范进行对比，指出"语言管理"论所提出的新观点值得深入研究。库柏（Cooper，1989：29、40）起初对"语言管理"这一术语能否被学界最终采用保持谨慎判断，但承认诺伊施图普尼（Neustupný）"语言问题"的理论具有广泛影响。总的来说，欧美学界尽管未对该理论的推广表现出很高的热情，但充分承认"语管论"的创新性，如布鲁马特（Blommaert，1996）称其对语言规划的描述极具创新性；卡普兰（Kaplan，2011）也指出"语管论"拥有与英美研究界完全不同的理论视角。

与此同时，"语管论"作为一个发源于欧洲的主要语言规划理论，西方学界无论如何也无法忽视其存在，并越来越承认其重要性。90年代末，卡普兰和

① 同35页脚注①。

巴道夫（Kaplan & Baldauf，1997：27）在其经典著作《语言规划——从实践到理论》（*Language Planning: From Practice to Theory*）一书中介绍了三种不同的语言政策和语言规划理论框架：豪根（Haugen，1983）的"地位规划—本体规划"（status planning vs. corpus planning）模型明确了语言规划的范围；哈尔曼（Haarmann，1990）的"声望规划"（prestige planning）提供了一个理想的语言规划类别划分；库柏（Cooper，1989）的语言规划"8元素说"则提出了语言规划的描述框架。与此同时，卡普兰和巴道夫（Kaplan & Baldauf，1997：207—210）将颜诺和诺伊施图普尼（Jernudd & Neustupný，1987）基于"语言匡正"理论提出的"语言管理"作为第四种特殊视角的理论进行了专门介绍，指出其独特之处在于语言规划应基于语言问题的主张，但认为这一理论的影响仍然有限（Neustupný，1987）。

到了2012年，巴道夫（Baldauf，2012）在一篇综述性文章中将上述四种框架的前三种合称为语言规划研究的"经典范式"（classical approach），而将"语言管理"作为第二种主要研究范式，同时将斯波斯基（Spolsky，2009）的"领域规划"（domain approach）和托尔夫森（Tollefson，2006）基于非洲现实建立的"批判范式"（critical approach）紧列其后合称当前语言规划的四大研究范式。[①]2012年，斯波斯基（Spolsky，2012）主编的《剑桥语言政策手册》（*The Cambridge Handbook of Language Policy*）中"历史概要"一章则请颜诺（Jernudd）和内克瓦皮尔（Nekvapil）执笔，采取了一种对欧洲学界更为公平的叙述视角，其中对"语管论"的历史和现实地位有充分肯定。

有趣的是印度语言研究中心（Central Institute of Indian Languages）2001年创立了一个《语言管理国际期刊》（*International Journal of Language Management*），不仅以"语言管理"命名，创刊时还曾邀请诺伊施图普尼（Neustupný）赴印度做了关于语言管理的理论和实践的讲座。而在部分中欧国家，"语管论"已进入大学的课堂，并经常有相关研讨会举办。

5.2 团队建设

与目前西方学界的其他较有影响的语言规划理论相比，"语管论"的一个重要优势在于建立起了一个较为广泛的研究圈子，具有持续的发展能力。目前"语管论"的主要研究圈子在日本、澳大利亚和中欧国家（包括德国、捷克、斯洛伐克、匈牙利、克罗地亚等国），此外在美国、东南亚、南亚等也有学者较为关注。目前"语管论"的有关概念和论述，已经有英语、日语、捷克语、匈牙利语、德语、克罗地亚语等版本。

2009年关于"语管论"的论文集第一辑出版，定名为《交际情境中的语言管理：三个大陆的视角》（*Language Management in Contact Situations: Perspectives from Three Continents*），可见目前出产成果最多的研究团队主要在欧洲、日本和澳大利亚。以日本为例，自2006年起建立了"语言管理研究会"[②]，目前已有会员百余人，每月举办例会，每年举办年会，并出版专门期刊《交际情境中的语言管理研究》（《接触場面の言語管理研究》），声势最大。而欧洲则以查理大学的内克瓦皮尔（Nekvapil）为核心，建立起了一个包括年轻教师和研究生的研究梯队，每周均举行研讨会，邀请欧洲各国的学者参加，他们还建立了"语管论"的专门网站[③]，介绍"语管论"的核心思想以及最新研究成果。澳大利亚则有海伦娜（Hellena）等，主要从事访谈和学校语境中的语言管理研究。同时自2008年起，上述团队共同隔年举办"语言管理理论国际研讨会"（International Language Management Symposium），迄今已举办四届。

---

① 巴道夫（Baldauf）在2013年又在此基础上增加了第五种研究范式，即民族志学派（ethnographic school）（Nekvapil, 2016）。

② 网址为 https://lmtjapan.wordpress.com，2015年10月5日访问。

③ 网址为 http://languagemanagement.ff.cuni.cz/en/home，2015年10月5日访问。

5.3 近期成果

近年来，“语管论”相关研究人员推出了大量研究成果，2000 年来仅以英语在国际期刊发表的论文就已超过百篇。①此外还推出了各种论文集和专刊，如 2009 年出版了《交际情境中的语言管理：三个大陆的视角》论文集。2012 年在《亚太交际研究》推出与“语管论”“关注”相关的专题特刊。同年在日本期刊《媒体和传播研究》(《メディア・コミュニケーション研究》)推出“语言多样化与‘语管论’”专刊。2014 年在捷克最重要的语言学期刊《语言与文学》(*Slovo a slovesnost*)刊出“语管论”专刊。2015 年在《国际语言社会学期刊》(*International Journal of the Sociology of Language*)推出关于“自上而下与自下而上语言管理的互动”专刊。目前内克瓦皮尔（Nekvapil）教授的团队正策划多部新的论文集和期刊专刊。

六、结语

“语管论”是作为对传统语言规划研究的一个偏离出现的，志在为学界带来一种新的表述方式，甚至重组该领域的研究（Nekvapil，2012a）。“语管论”以“语言管理”为研究对象，声称已超越了语言政策和规划研究的“语言规划”阶段，但有趣的是，它至今仍然作为一种语言规划理论而广为人知。我们认为，尽管“语管论”近年来取得了一些发展，但如果要进一步发展，仍然有三个问题要解决。

首先，明确其理论定位。“语管论”以一种关于语言规划的理论而闻名，但其在国家层面语言管理的研究却相当薄弱，目前仍然以微观或中观层面的研究为主。这一方面是因为“语管论”一向对政府实行的语言规划保持警惕，认为这种规划必然只能代表一部分人的利益，呼吁语言规划研究重视微观层面的语言管理；另一方面可能是因为目前从事“语管论”研究的人员主要在捷克和日本，而这两国都没有很强的宏观语言规划需求。我们认为，尽管西方语言政策和语言规划研究界近年来确实出现一种更加重视微观研究的趋势，但宏观层面的研究一直是该领域的重要组成部分。而“语管论”在这一方面的不足也在一定程度上解释了为什么它在重视国家规划的英美学界那里至今只是一种补充性理论，而非一种综合性的理论（Spolsky，2004、2009）。这要求“语管论”对其定位进行认真思考，即如果自我认定为一种语言规划研究，需要在多大程度上向主流研究传统妥协。如今的绝大部分语言规划都是民族国家的中央政府主导的，无论是出于批判还是建设的目的，都应加强这方面的研究。我们认为“语管论”具有扎实的微观研究基础，而且对于中观层面有序管理的研究也有很多积累，并一直强调交际和社会背景，一旦将注意力转向国家层面的语言规划，将会较快发挥其理论优势，产生有价值的成果。

其次，确认其研究重点。“语管论”致力于融合宏观规划和微观规划，将有序管理和简单管理之间的互动作为其区别于其他语言规划理论的核心特征（Nekvapil，2016）。但就现状而言，简单管理和有序管理依然是断裂的，大部分研究都可以归入对简单管理或有序管理的研究，但对这两者之间的互动依然知之甚少。我们认为，“语管论”应对简单管理和有序管理之间的相互影响机制进行更多的探索，建立运行模型，通过实证进行验证或修改，这将是“语管论”发展的一个可能突破口。

第三，思考其价值导向。经典“语管论”的一个重要立场就是反对政府命令式的语言规划，强调所有的语言管理参与者都具有不同的利益，同时否认政府或任何机构可以代表全体社会成员的利益。“语管论”呼吁要积极推动公共领域之外的管理，不可依赖政府来解决语言问题。当必须诉诸政府时，也要对政府保

① 1974 年至 2015 年的主要研究成果列表可见“语管论”网站：http://languagemanagement.ff.cuni.cz/en/node/352#1978，2015 年 10 月 5 日访问。

持清醒的认识，因为它的利益总是片面的。换言之，"语管论"主张民众自身从具体语言使用中发现语言问题，并自行寻找解决方案，这是一种典型的"自下而上"的管理授权，但是"语管论"并未明确指出这一授权过程应遵循民主程序或其他决策方式，而是将此留诸讨论（Kaplan & Baldauf，1997：209）。这就意味着，"语管论"否认了代表全社会的超然利益的存在，支持所有利益的合理性，同时又未提供利益协调的机制。如此一来，当不同群体的利益间出现无法调和的冲突时，就很难寻找出路。我们认为，在目前的世界政治环境中，公民社会的发展使得更多的管理主体开始参与国家和社会的治理决策，但政府依然占据着核心地位。由政府主导的语言规划目前依然是最为重要也最为有效的资源分配方式。"语管论"在强调社会主体参与管理的同时，应充分承认政府在语言规划中的重要作用。

"语管论"的自我期许并不仅限于一种语言规划理论，诺伊施图普尼（Neustupný）的目标在于追求一种基于历史发展的大一统的社会语言学理论（Jernudd，2013）。不过到目前为止，"'语管论'的理论是一个目标，但其所承诺的是一个模型，而非真理"(Jernudd，2009）。但毫无疑问，"语管论"保持了一种开放的态度，不断吸纳不同的理论观点，并欢迎更多的学者加入到对其发展完善的队伍中。诺伊施图普尼（Neustupný，2004a）曾为"语管论"的发展提出三条发展策略：（1）建立与其他语言管理诸理论进行交流的常规联系;（2）积极寻求吸纳其他语言管理诸理论中可供借鉴的理论内容;（3）在其他更好的理论出现之前，坚持使用"语管论"的基本理论。目前"语管论"的研究者正是在这三个原则的指导下进行着理论和实证研究。

诺伊施图普尼（Neustupný）曾告诫他的学生说"不要害怕你不是主流"①。我们认为，由于英美学术传统的统治地位，"语管论"一直未能占据西方语言规划研究界的舞台中心，但"语管论"显然具有自身的理论抱负，在长期的发展中坚持其理论特质，也体现了一种对英美中心式学术霸权的反抗。鉴于"语管论"理论框架具有较大的包容性，并拥有强大的研究网络，我们相信它有在可以预见的未来取得相较于其他语言规划理论更为充分发展的潜力，并将获得更大范围的认可。

参考文献

[1] 周庆生．国外语言规划理论流派和思想 [J]. 世界民族，2005（4）.

[2] Annamalai, E. & Rubin, J. Planning for Language Code and Language Use: Some Considerations in Policy-formation and Implementation [J]. *Language Planning Newsletter,* 6(3), 1980.

[3] Baldauf, Richard B. Introduction—Language Planning: Where Have We Been? Where Might We Be Going? [J]. *Revista Brasileira de Linguística Aplicada,* 12(2), 2012.

[4] Blommaert, Jan. Language Planning as a Discourse on Language and Society: The Linguistic Ideology of a Scholarly Tradition [J]. *Language Problems & Language Planning,* 20(3), 1996.

[5] Cooper, Robert L. *Language Planning and Social Change* [M]. New York: Cambridge University Press, 1989.

[6] Dovalil, Vít. Language Management Theory as a Basis for the Dynamic Concept of EU Language Law [J]. *Current Issues in Language Planning,* 16(4), 2015.

[7] Fishman, Joshua A. The Sociology of Language: An Interdisciplinary Social Science Approach to Language in Society [A]. In Joshua A. Fishman (Ed.), *Advances in the Sociology of Language* [C]. The Hague: Mouton, 1971.

[8] Fishman, Joshua A. Theoretical Issues and Problems in the Sociolinguistic Enterprise [A]. In R. B. Kaplan (Ed.), *Annual Review of Applied Linguistics, 1* [C]. Rowley, MA: Newbury House, 1981.

[9] Haarmann, Harald. Language Planning in the Light of a General Theory of Language: A Methodological Framework [J]. *International Journal of the Sociology of Language,* 86, 1990.

[10] Haugen, Einar. The Implementation of Corpus Planning: Theory and Practice [A]. In Juan Cobarrubias & Joshua A. Fishman (Eds.), *Progress in Language Planning: International Perspectives* [C]. Berlin: Walter de Gruyter & Co., 1983.

① 引自丽莎·费尔布拉泽（Lisa Fairbrother）在布拉格"第三届语言管理国际研讨会"上的发言，参见 http://languagemanagement.ff.cuni.c z/en/system/files/documents/fairbrother_neustupny%20speech%20prague.pdf。

[11] Jernudd, Björn H. Language Planning as a Focus for Language Correction [J]. *Language Planning Newsletter*, 8(4), 1982.

[12] Jernudd, Björn H. Two Approaches to Language Planning [A]. In V. Bickley (Ed.), *Language Use, Language Teaching and the Curriculum* [C]. Hong Kong: Institute of Language in Education, Education Department, 1990.

[13] Jernudd, Björn H. *Lectures on Language Problems* [M]. Delhi: Bahri Publications, 1991.

[14] Jernudd, Björn H. Language Planning from a Management Perspective: An Interpretation of Findings [A]. In E. H. Jahr (Ed.), *Language Conflict and Language Planning* [C]. Berlin: Mouton de Gruyter, 1993.

[15] Jernudd, Björn H. An Apology for Language Management Theory [A]. In Jiří Nekvapil & Tamah Sherman (Eds.), *Language Management in Contact Situations: Perspectives from Three Continents* [C]. Frankfurt am Main: Peter Lang, 2009.

[16] Jernudd, Björn H. On the Occasion of J. V. Neustupný's 80th Birthday [J]. *Slovo a slovesnost*, 74, 2013.

[17] Jernudd, Björn H. & Nekvapil, Jiří. Chapter 2: History of the Field: A Sketch [A]. In Bernard Spolsky (Ed.), *The Cambridge Handbook of Language Policy* [C]. Cambridge: Cambridge University Press, 2012.

[18] Jernudd, Björn H. & Neustupný, Jiří V. Language Planning: For Whom? [A]. In L. Laforge (Ed.), *Proceedings of the International Colloquium on Language Planning* [C]. Québec: Les Press de L'Université Laval, 1987.

[19] Kaplan, Robert B. Language Management Theory: From the Prague Circle to the Present [J]. *Journal of Multilingual and Multicultural Development*, 32(1), 2011.

[20] Kaplan, Robert B. & Baldauf, Richard B. *Language Planning: From Practice to Theory* [M]. Clevedon: Multilingual Matters Ltd., 1997.

[21] Kimura, Goro Christoph. How Do Researchers on Language Policy Perceive Language?—From the Language Planning/Language Attitude Dichotomy to Language Management Theory [J]. *Gengoseisaku*, 1(1), 2005.

[22] Kimura, Goro Christoph. Prohibiting Sorbian at the Workplace—A Case Study on the Cyclical Process of Language Management [R]. Paper presented at Sociolinguistic Seminar, Faculty of Arts, Charles University in Prague, Prague, 2013.

[23] Kimura, Goro Christoph. Language Management as a Cyclical Process: A Case Study on Prohibiting Sorbian in the Workplace [J]. *Slovo a slovesnost*, 75(4), 2014.

[24] Kloss, Heinz. *The American Bilingual Tradition* [M]. Rowley, MA: Newbury House, 1977.

[25] Mwaniki, Munene. Language Management in Africa: The Dialectics of Theory and Practice [J]. *Southern African Linguistics and Applied Language Studies*, 29(3), 2011.

[26] Nekvapil, Jiří. From Language Planning to Language Management [J]. *Sociolinguistica*, 20, 2006.

[27] Nekvapil, Jiří. The Integrative Potential of Language Management Theory [A]. In Jiří Nekvapil & Tamah Sherman (Eds.), *Language Management in Contact Situations: Perspectives from Three Continents* [C]. Frankfurt am Main: Peter Lang, 2009.

[28] Nekvapil, Jiří. From Language Planning to Language Management: J. V. Neustupný's Heritage [J]. *Media and Communication Studies*, 63, 2012a.

[29] Nekvapil, Jiří. Some Thoughts on "Noting" in Language Management Theory and Beyond [J]. *Journal of Asian Pacific Communication*, 22(2), 2012b.

[30] Nekvapil, Jiří. Language Management Theory as One Approach in Language Policy and Planning [J]. *Current Issues in Language Planning*, 17(1), 2016.

[31] Nekvapil, Jiří & Sherman, Tamah. Pre-interaction Management in Multinational Companies in Central Europe [J]. *Current Issues in Language Planning*, 10 (2), 2009.

[32] Nekvapil, Jiří & Sherman, Tamah. An Introduction: Language Management Theory in Language Policy and Planning [J]. *International Journal of the Sociology of Language*, 232, 2015.

[33] Neustupný, Jiří V. Some General Aspects of "Language" Problems and "Language" Policy in Developing Societies [A]. In J. A. Fishman, C. A. Ferguson and J. Das Gupta (Eds.), *Language Problems of Developing Nations* [C]. New York: Wiley, 1968.

[34] Neustupný, Jiří V. Basic Types of Treatment of Language Problems [A]. In J. A. Fishman (Ed.), *Advances in Language Planning* [C]. The Hague: Mouton, 1974.

[35] Neustupný, Jiří V. Outline of a Theory of Language Problems [A]. In Jiří V. Neustupný (Ed.), *Post-Structural Approaches to Language: Language Theory in a Japanese Context* [C]. Tokyo: University of Tokyo Press, 1978.

[36] Neustupný, Jiří V. Language Planning and Human Rights [A]. In A. Gonzales (Ed.), *Panagani: Essays in Honor of Bonifacio P. Sibayan on His Sixty-Seventh Birthday* [C]. Manila: Linguistic Society of the Philippines, 1984.

[37] Neustupný, Jiří V. Problems in Australian-Japanese Contact Situations [A]. In J. B. Pride (Ed.), *Cross-Cultural Encounters: Communication and Miscommunication* [C]. Melbourne: River Seine, 1985.

[38] Neustupný, Jiří V. Towards a Paradigm in Language Planning [A]. In U. N. Singh & R. N. Srivastava (Eds.), *Perspectives in Language Planning* [C]. Calcutta: Mithila Darshan, 1987.

[39] Neustupný, Jiří V. Language Management for Romani in Central and Eastern Europe [J]. *New Language Planning Newsletter*, 7(4), 1993.

[40] Neustupný, Jiří V. Problems of English Contact Discourse and Language Planning [A]. In Thiru Kandiah & John Kwan-Terry (Eds.),

English and Language Planning: A Southeast Asian Contribution [C]. Singapore: Times Academic Press, 1994.

[41] Neustupný, Jiří V. Gengokanri to komyuniti gengo no shomondai [Language Management and the Problems of Community Languages] [A]. In Kokuritsu Kokugo Kenkyujo (Ed.), *Tagengo, Tabunka Komyuniti No Tameno Gengokanri [Language Management for Multicultural Communities]* [C]. Tokyo: Bonjinsha, 1997.

[42] Neustupný, Jiří V. Language and Power into the 21st Century [R]. Paper presented at Language and Empowerment, Petaling Jaya Hilton, Kuala Lumpur, 2002.

[43] Neustupný, Jiří V. Gengo Kanri Riron No Rekishiteki Ichi: Appude-to [The Historical Position of Language Management Theory: An Update] [A]. In H. Muraoka (Ed.), *Language Management in Contact Situations (Vol. I: Reports on the Research Projects No. 104)* [C]. Chiba: Graduate School of Social Sciences and Humanities, Chiba University, 2004a.

[44] Neustupný, Jiří V. A Theory of Contact Situations and the Study of Academic Interaction [J]. *Journal of Asian Pacific Communication*, 14, 2004b.

[45] Neustupný, Jiří V. Sociolinguistic Aspects of Social Modernization [A]. In U. Ammon, N. Dittmar, K. J. Mattheier & P. Trudgill. (Eds.), *Sociolinguistics: An International Handbook of the Science of Language and Society (Vol. 3)* [C]. Berlin: Walter de Gruyter, 2006.

[46] Neustupný, Jiří V. Theory and Practice in Language Management [J]. *Journal of Asian Pacific Communication*, 22(2), 2012.

[47] Neustupný, Jiří V. & Nekvapil, Jiří. Language Management in the Czech Republic [J]. *Current Issues in Language Planning*, 4(3&4), 2003.

[48] Ozolins, Uldis. Language Problems as Constructs of Ideology [A]. In Carol A. Chapelle (Ed.), *The Encyclopedia of Applied Linguistics* [C]. Hoboken, NJ: Willey-Blackwell, 2013.

[49] Rubin, Joan & Jernudd, Björn H. *Can Language Be Planned?* [C]. Honolulu, USA: The University Press of Hawaii, 1971.

[50] Rubin, Joan, Jernudd, Björn H, Das Gupta, Jyotirindra, Fishman, Joshua A, & Ferguson, Charles A. *Language Planning Processes* [C]. The Hague: Mouton Publishers, 1977.

[51] Spolsky, Bernard. *Language Policy* [M]. Cambridge: Cambridge University Press, 2004.

[52] Spolsky, Bernard. *Language Management* [M]. Cambridge: Cambridge University Press, 2009.

[53] Spolsky, Bernard. *The Cambridge Handbook of Language Policy* [M]. Cambridge: Cambridge University Press, 2012.

[54] Tollefson, James W. Critical Theory in Language Policy [A]. In Thomas Ricento (Ed.), *An Introduction to Language Policy: Theory and Method* [C]. Malden, MA: Blackwell, 2006.

[55] Williams, C. H. Development, Dependency and the Democratic Deficit [J]. *Journal of Multilingual and Multicultural Development*, 15, 1994.

Language Management Theory: Origins and Developments

HE Shanhua

College of Foreign Studies, Yangzhou Universtiy

DAI Manchun

Beijing Foreign Studies University

Abstract: Language Management Theory (hereinafter referred to as LMT) claims itself a deviation from the paradigms of Language Policy and Planning (LPP) research before the 1980s, advocating less dependence on governments and more attention to the interests of the weak. LMT developed from the "Language Problem Theory" of the European linguist J. V. Neustupný, maintaining that LPP at macro level should start from the real language problems at micro level, that language management follows certain steps in identifying and solving problems, and that language management should base on communication management and furthermore on sociocultural management. LMT manages to harmonize bottom-up and top-down planning in LPP by embracing them in the interplay of Simple Management and Organized Management, revealing a theoretical property that differs from those of the Anglo-Saxon traditions in LPP.

Keywords: language management; language planning; macro planning; micro planning

作者简介

何山华，扬州大学外国语学院讲师。主要研究方向：语言政策与规划、外语教育等。

（通信地址：225127 江苏省扬州市华扬西路 196 号 扬州大学外国语学院）

戴曼纯，北京外国语大学教授，博士生导师，中国外语教育研究中心专职研究员，国家语言能力发展研究中心副主任，国家语言文字工作委员会语言文字标准化技术委员会外语应用分技术委员会秘书长。主要研究方向：语言政策与规划、外语教育等。

（通信地址：100089 北京市海淀区西三环北路 19 号 北京外国语大学中国外语教育研究中心）

语言生活与生态

老年人话语缺损现象研究*

刘楚群　江西师范大学文学院语言与语言生活研究中心

［**摘　要**］ 话语缺损是老年人口语中的常见现象，包括词语缺损、固定结构缺损、句子成分缺损以及篇章结构缺损。从结构位置看，话语缺损表现出明显的右边界倾向。话语缺损属于口语非流利现象，对信息的有效传递也有一定的影响，其产生的深层原因是语言和思维脱节，即想到的内容并没有全部说出来。调查数据显示，话语缺损的出现频率与老龄化具有正相关性，据此判断，衰老会导致口语流利表述能力下降，其中70—74岁是老年人口语流利度下降的一个重要拐点。

［**关键词**］ 老年人语言　口语　话语缺损　思维

在老年人口语表达中，常常会出现话语缺损现象，即话语中的某个词、短语、固定结构、句子或篇章出现必有构成成分缺失的现象。如：

（1）你，你闯红灯以后，有几个问题，第一呢，你阻碍交通，出了事你是要承当责任的，还是要（　），国家呢（　），如果说私人搞的，要赔偿要什么东西，要耽误几多精力啊，是吧？又是打官司啊，又是什么东西啊，耽误几多精力啊，又何必不等这两秒，两三秒呢，是不是啊？所以我跟你讲，这个东西啊我非常反感的，非常反感的。噶这个，这些青年人啊（　），有的，有的，老太婆，也，老太爷，他也喜欢乱闯，看着哎呀一拐弯（　），我们有时候从那边过，我去那个彭家桥市场买菜，首先不是要过这个马路啦。（85岁，男性）①

上边是一位85岁老人说的一段话，总共不足200字，却出现5处缺损现象：第一，从篇章关系看，说话人先说“有几个问题”，但说完“第一”之后就再没有“第二”“第三”了，这从逻辑上看是不完整的，属于篇章成分的缺损；第二，“还是要”，这是一个句法上的及物性结构，后边一定要带宾语，从语境看，可能是“小心”，这是句子成分的缺损；第三，“国家呢”，从语境可以看出，说话人想表达的意思就是对于闯红灯这个事国家应该采取一些措施，但说完“国家”就没有下文的陈述了，然后话题转向了“私人”，留下了缺损的话语形式；第四，“这些青年人啊……”，作者想表达的意思应该是“青年人喜欢乱闯，老年人也喜欢乱闯”，“青年人喜欢乱闯”应该是一个完整的主谓句，“青年人”是独立的施事主体，但其后边的谓语成分“乱闯”缺损了；第五，“看着哎呀一拐弯”，这里应该是“一……就……”的句法结构，表示两个动作

* 本文是笔者博士后出站报告《老年人口语非流利现象研究》的一部分，蒙导师李宇明教授、苏金智教授悉心指导，并承袁毓林教授、石锋教授、张博教授、靳光瑾教授、张维佳教授、崔健教授等提出宝贵建议，谨致谢意！文章在第八届现代汉语语法国际研讨会（浙江杭州，2015年10月）上宣读。文中差错概由本人负责。

① 本文所有例句都是来源于调查访谈的录音转写材料，每个例句后都注明说话人（访谈对象）的年龄和性别。

先后紧接着发生，但前一个动词“拐弯”说完后就戛然而止，后边的动词缺损了。

为探究老年人话语缺损的相关特征，我们展开了实验性调查研究。本研究共选择了75位老人作为调查对象，年龄都在65岁以上。考虑到不同老年人的社会经历差异比较大，我们选择了一个共性较多的老年群体——江西师范大学的退休教师，作为调查对象。这个群体成员的工作、生活、人生经历、话语体系都比较类似，属于高级知识分子，具有相对的同质性。所有调查对象都健康状况良好，没有语言交际障碍。考虑到调查对象的年龄差异比较大，我们以5岁为一个年龄段把调查对象分成5组：老年一组，65—69岁；老年二组，70—74岁；老年三组，75—79岁；老年四组，80—84岁；老年五组，85岁及以上。每一小组调查10名男性和5名女性（因为女性退休教师人数比较少，找不到更多的调查对象），共75位研究对象。我们以面对面访谈的方式获取老年人口语录音材料，然后转写成书面文本语料，不做任何加工。访谈设置如下5个话题：（1）日常生活、饮食起居、儿女状况；（2）对南昌人走路闯红灯的看法；（3）人生中最自豪或最难忘的经历；（4）对南昌公交车让座情况的看法；（5）对南昌这个城市的印象。

本项调查录音时长70多个小时，共获取40余万字口语语料。本文前三节选取了80岁以上老人的语料约20万字进行分析，主要探讨老年人话语缺损的形式表现、信息负载情况、缺损的基本规律。第四节通过比较5个年龄组出现话语缺损的情况，探究老年人口语流利性与老龄化的关系。

一、话语缺损的结构分析

从结构特征来看，老年人口语中的缺损主要包括词语缺损、固定结构缺损、句子成分缺损以及篇章结构缺损四种情况。

1.1　词语缺损

说话中某个词或短语的某一构成成分没有说出来，从而造成词语在结构上不完整，即为词语的缺损。如：

（2）南昌我是快解放回南昌，我江西人。抗战的时（　）时（　）我在重庆，解放战争的时候我在南京，就是49年快解放就回老家来啦。（81岁，男性）

（3）所以我，懂事了以（　）就是等我懂事了以后，我就知道这个整个的经过，所以我，说实在的话，比较勤快，在家里什么事都会都会做。（80岁，女性）

（4）所以这个闯红灯的话，来自哪里呢？你就缺（　），从社会来讲，从国家来讲，你缺乏这种公民的教育。（93岁，男性）

（5）省里面……就把我一调，调到调到石家庄，石家庄河北省有一个师范院校叫做石家庄（　），就原来叫石家庄师范学院，现在就是河北师范大学。（男性，80岁）

例（2）中的“抗战的时时”，应该是“抗战的时候”，名词“时候”的“候”缺损了；例（3）、例（4）情况一样，“以后”和“缺乏”的后一个语素“后”和“乏”缺损了；例（5）是专有名词“石家庄师范学院”中的“师范学院”缺损。

从词类属性来看，缺损词语以名词为主，也包括动词、形容词、副词、介词等。我们在近20万字的语料中，共发现词语缺损36例，其中名词有27例，占所有词语缺损的75%，比如“财（经）、商（业）、影（片）、材（料）、耳（朵）、贵（族）、火（车）、江（西）”等；其次是动词，共5例，如“缺（乏）、住（院）”等；另外还有形容词、副词、介词，共4例。

1.2　固定结构缺损

语言中有一些固定结构或习惯组合，在使用中往往是整体出现的，如果某一个部分没有出现就形成了缺损现象。如：

（6）诶，你，你，你这样反而搞得人家不高兴，你人为地制造那样一个东西，本来就是个形式主义，就是

填个表的手续，你就让让人家填个表不就就就（ ），该咋办咋办，是不，就这样一个小事情，嘿嘿。（80岁，男性）

（7）我们的人生观是怎么样，人活着不是为自己活，应该在社会在社会活动（ ）我们也要尽自己的力量该做的事，是吧。（87岁，女性）

"V就完了/得了"是一个固定结构，例（6）说话者想表达的是"让人家填个表不就完了/得了"，但后边的"完了/得了"缺损了；"在……中"是固定表达，例（7）缺损了"中"。从语料分析来看，老年人口语中出现固定结构缺损的情况并不是很多。

1.3 句子成分缺损

话语的基本单位是句子，句子的基本构成单位是句子成分。在老年人口语中经常出现句子成分缺损的情况，即句子中某个应该具备的句法成分丢失了，其中以谓语的缺损最为常见，其次是宾语缺损，补语和状语也有缺损情况。

1.3.1 谓语缺损

谓语缺损是句子成分缺损的主要形式。如：

（8）我我指导的硕士研究生，有四个在国外，诶，有两个（ ），一个在，一个在上海复旦大学，一个在啊福州大学，啊福建福州大学，有六个，我这里，我那个时候这里只能（ ），硕士他六个人硕士毕业以后一起读了博士，一起读博士。（80岁，男性）

（9）因为这个季节不一样，是吧，呃，这个，起来，起来以后，呃，吃早饭，现在冬天，现在这个季节性啊，也比较（ ），这个吃完早饭以后，这个，这个吃完以后，听听收音机，听听广播。（80岁，男性）

例（8）的第一处画线部分，先说有"有四个在国外"，后说"有两个"，很明显前后对照，后边应该是"有两个在国内"，谓语成分"在国内"缺损了；第二处画线部分"我那个时候这里只能"很明显话没有说完，缺少谓语动词，根据上下文语境推测，缺损的成分可能是"带六个"。例（9）"现在这个季节性啊，也比较"很明显也缺损了谓语动词，具体是什么词很难判断。

我们对所有缺损谓语的句子进行分析发现，缺损的谓语从结构上看主要包括三种情况：一是复杂的谓词性短语，二是单独做谓语的光杆谓词，三是动宾短语的动词。如：

（10）那个为富不仁的不可以，你富，富了以后你要（ ），人家这个富人，像西方国家人家富了以后他到最后我财产全部拿出来做公益事业，是吧？（80岁，男性）

（11）有的年轻人吃完乱扔，诶，不要乱扔垃圾啊，我就讲诶，诶，我说下次注意点嘞，我说环卫工人也很辛苦，我就这么讲啊，你是当时，听到我（ ），他就，有一个有一个印象吧，下次他就不会这样。（80岁，男性）

（12）江西跟全国讲起来，差距比较大的，全国的，城镇居民收入四万多，江西总的两万不到，一万九千多，差一半啊，是吧，一半，过去技术落后，我们的工业不如人家，各方面（ ）人家，所以现在我们也产生麻烦。（80岁，男性）

例（10）依语境推测，画线部分可能是"富了以后你要帮人家"，但谓语部分的整个动宾结构"帮人家"都缺损了；例（11）画线部分应该是"听到我讲"，但谓语动词"讲"缺损了；例（12）依据语境判断，画线部分本来应该是"各方面不如人家"，但谓语动词"不如"缺损了，即动宾结构中缺损了动词。谓语缺损的主要形式是如例（10）、例（11）这样的谓语中动宾结构或动词缺损，而例（12）这样缺损动词而又出现宾语的情况非常少见。

1.3.2 宾语缺损

在句子成分的缺损中，最常见的是谓语缺损，但宾语缺损也不少见。从结构上看，宾语缺损可能是整个宾语缺损，也可能是宾语中心语缺损；从类型上看，可能是动词宾语的缺损，也可能是介词宾语的缺损。如：

（13）本来是本来是，有个钟点工，就要就要给锁匙给她，完了以后她做（ ），完完了以后嘎，那这个之前呢，我也散散步，反正要把锁匙给她，锁匙以前我散散步，给她以后呢再散散步。（80岁，男性）

（14）从我来讲，分到高等学校，还是比较好，还是一个比较重要的（ ）。1956年，为了提高师院的教学水平，56年我又到中央美院，56年我又到北京去进修了一年。（83岁，男性）

（15）你看你们学生也这样有好多也也也会看到这个情况，诶，经常看到吧，诶你现在就比比（ ）好多了吧，所以现在南昌的风气正在转。（80岁，男性）

例（13）缺损了光杆宾语“饭”；例（14）画线部分依语境推断应该是“还是一个比较重要的地方”，但宾语中心语“地方”缺损了；例（15）很明显缺损了介词宾语“过去”。

1.3.3 补语、状语缺损

除了谓语缺损、宾语缺损之外，语料中也出现少量补语缺损、状语缺损的情况。如：

（16）我是没有职称的，我是一个行政一个行政那个呃行政干部，呃所以有职称的呃工资长得就（ ），当时来讲因为过去有职称的对于评老师呃工资是压得比较低的，压的比较低的，这个事实我们应该清楚。（83岁，男性）

（17）声音耳朵不太好。（调查人：这个字看得清吗？）看得（ ），看得（ ）。请聊聊您现在的日常生活状况、饮食起居习惯、儿女，你们这个是研究什么的？（83岁，男性）

（18）你可以教育他嘛，你也将来也会老诶，你要理解老人家的事诶，老人家劲力（ ）方便，脚力也脚力都不行，站又站不稳。（85岁，男性）

例（16）、例（17）都是补语的缺损，依语境可知，完整的表述应该是“工资长得就快”“看得清”，但其补语“快”和“清”都缺损了；例（18）是状语的缺损，说话人的本意是“劲力不方便”，但状语“不”缺损了。

1.4 篇章结构缺损

一般认为，句子是句法构造的最大单位，比句子更大的话语形式被视为篇章。篇章涉及的方面非常多，句子之间、句群之间、段落之间的衔接、关联和照应等都属于篇章的范围。篇章结构缺损的常见表现形式是说了前句没后句，造成表意不完全。如：

（19）所以老年人嘞，一般不太敢到马路上去，像我一般哩，我我出去散步有几个原则：一个尽可能不要过马路，那现在大马路倒不怕，必要的大马路我是敢，因为那个摄像头好严呐，你完全可以拍下来。（80岁，男性）

（20）你看最近打老虎打的多了，现在打了打了十一个十二个啦，如果打不下去，不了了之了，或者拖拖下去，（ ）。所以你看八项规定完了以后一定要规定，一定要这个弄到底啊，现在哪个都不敢，做工作要考虑考虑，是吧。（80岁，男性）

（21）所以闯红灯的问题啊不是一下子就能改得好的，诶，随着人们的素质提高，这个交通情况的改（善），（ ）。闯红灯跟当地的这个交通状况也有关系嘞，是吧，如果你能够控制这个车辆的速度，诶，能够这个增加一点这个这个道路的这个这个这个空间诶。人家就就不会嘛，是不是。（80岁，男性）

例（19）说话人先说“有几个原则”，但只说了一个原则，即“尽可能不要过马路”，之后就没有再说其他原则了，从而造成篇章缺损；例（20）是“如果……那么……”的假设复句，很明显说话人说完“如果”始发句之后，忘记说“那么”后续句了，从而造成篇章缺损；例（21）是“随着……，……”句式，依语境可以判断，说话人想表达的意思应该是“随着人们素质的提高，交通情况的改善，闯红灯的人会越来越少”，但说完前半部分就忘了说后半部分，转向了其他问题，从而出现了篇章缺损。

总之，老年人话语缺损从结构来看包括词语缺损、固定结构缺损、句子成分缺损和篇章结构缺损。各种缺损情况所占的比例不一样，我们在近20万字的语料中共搜索到话语缺损的实例 227 例，其中词语缺损 36 例，固定结构缺损 4 例，句子成分缺损 181 例，篇章结构缺损 6 例。很明显最多的是句子成分缺损，占 80%，其次是词语缺损，占 16%。

二、话语缺损的信息损耗分析

语言是传递信息的重要工具，语言结构的任何组成部分都承载了特定的信息内容。语言结构所承载的信息内容可以分成两类，一是科学信息，二是言语信息。语言结构的科学信息指对语言结构的每一个组成部分进行严格科学分析所得出的信息，语义学上的义素分析法所分析出来的信息就是科学信息；语言结构的言语信息指在言语交际过程中所传递出来的信息。科学信息是严密而精确的，言语信息则往往带有一定的临时性和模糊性。人们常说，语言最本质的功能是传递信息，或者说语言是人类传递信息的最重要载体。这句话所说的信息往往指的就是言语信息。毋庸置疑，任何言语信息都依附于特定的语言结构，但并不是语言结构中的任何成分都承载重要的信息内容，加之言语信息具有一定的临时性、模糊性和整体性，所以并不是任何话语结构的缺损都会导致言语信息的损耗。老年人话语缺损的四种情况在实际言语交际过程中信息损耗情况各不相同。

2.1 词语和固定结构缺损的信息损耗分析

词是句子最基础的构成单位，也是语言传递信息的最小承载单位，也就是说，在言语交际中，任何一个词都承载了一定的信息量，而词的信息是由其构词语素所负载的，那么词中每一个构词语素的缺损都可能造成信息的损耗，比如“张三昨天去了北（　）”，很明显作为目的地的名词“北（　）”是一个缺损形式，如果离开了语境，听话人是很难理解这个目的地到底是哪里，可能是“北京”“北方”“北戴河”“北非”“北极”“北欧”等等。但是人们在接受语言所传递的信息时，并不是一个语素一个语素地去接受和理解，而是把词作为一个整体，甚至会联系词语所依托的句子以及整个交际语境来接受和理解，所以在很多情况下，词中构词语素的缺损一般不太会影响信息的传递。比如：

（22）江西物产也还可以，其他也还可以，但是也封闭，封闭，看，该怎么说呢，封（　），所以就封闭就是不那么时（　），不那么赶潮，潮流呀，其（　），就是这么个情况。（88 岁，男性）

（23）老二就是搞经商，学财（　），搞这搞商（　）这方面的，还在读书，就在美国一个什么大学我记不清名字，反正美国是一个最最有名的学校还在那里读书，还没毕业。（92 岁，女性）

（24）嗯，他们讲的我能够做的我也做一点，不可能全部都做，所以饮食起居很注意，现在你像早晨，我都吃了洋葱，我怕说话都有口（　）。早餐一定要三大元素：就是，蛋白质、淀粉还有维生素。（88 岁，女性）

例（22）—例（24）中，缺损的语素一般不太会造成信息的损耗，不会影响正常的交流，听话人都能根据语境判断出缺损词语的完整形式，分别是“封闭”“时髦”“其他”“财经”“商业”“口臭”。

我们统计了近 20 万字的老年人语料，共发现 36 例词语缺损的情况，根据我们对语料的考察，这些缺损的词语基本上都不会造成明显的信息损耗，不影响正常的交流。有的词语缺损孤立地看很明显造成了信息的损耗，但在语境中都不会造成交际障碍。

固定结构的缺损一般也不会造成明显的信息损耗。

固定结构是人们在长期的言语交际过程中形成的结构比较定型的话语形式，如前述的几个例子“V 不就完 / 得了”“在……中”，这些固定结构所承载的基本信息模式已经根深蒂固地存在于母语使用者的大脑中，所以在说话过程中，某些成分的缺损并不会影响听话人对该结构主要信息内容的接受。诚如萧国政（2001）所言，人们说话是为了传递信息，听话是为了获取信息。从表面上看语言是一种形式，人们的交际过程是输出形式和接收形式，但实质上，在语言使用中说话人是在通过语言形式把信息传递出去，听话人则是在通过语言形式把信息提取出来，当信息交流完成时语言形式往往被扔掉了，就像有人说的“得其意忘其形”（这里的“意”就是信息）。因此，绝大多数人的交流，记住的是信息，而不是语言形式，当一个人转达别人的意思的时候，常常转达的是别人要求其转达的信息，但不一定还用原来的句子。正是在这个意义上，如果人们对固定结构所承载的基本信息已经有了先入性的心理准备，那么这些结构中某些构成成分的缺损往往不会影响信息的传递。在上述两个固定结构中的“完/得了”“中”都属于结构的形式成分，也许在结构形成之初这些成分都承载了很重要的信息内容，但是当结构已经完全定型之后，这些成分就基本上变成了纯粹的形式性的东西，不再承载明显的信息内容，所以这些成分的缺损一般也就不会造成明显的信息损耗，不影响正常的言语交际。

2.2　句子成分缺损的信息损耗分析

老年人话语的句子成分缺损主要表现为谓语、宾语、补语和状语四种句子成分的缺损，那么这些句子成分的缺损是否会造成信息的明显损耗呢？从语料分析来看，有的会造成信息的明显损耗，有的则不会影响信息的传递。

2.2.1　谓语缺损

谓语是句子的核心成分，它负载了比较重要的信息内容，所以谓语的缺损很容易造成信息的损耗，但有时也可以通过上下文语境来弥补这种损耗。如：

（25）所以这个东西（注：指遵守交通规则），我们跟不上，是吧？所以，可能，我估计可能要是再过十年二十年，那可能这个规矩，大家就会很自觉地（　），是吧。（82岁，男性）

（26）这个反正每一天呢这个江西电视台晚上都看的，中午看凤凰台，凤凰台这个这个，是，这个这个都看，晚上以后，这个这个，晚上嗫，好的电视就看一看，不好的这个（　），稍微，反正乱拨，拨了以后到九点多以后十点多就睡觉。（80岁，男性）

（27）中国式的过马路，晓得吧？诶，这个，反对中国式的闯红灯，反对中国式的过马路，就是闯红灯。所以嘞，这个一个一个地方啊（　），闯红灯我也很注意，上海北京南京也有，诶，也有，但是它管得比较好，诶。（80岁，男性）

上边例子都缺损了谓语，但其信息损耗情况不一样。例（25）尽管缺失了谓语中心成分，但听话人根据句子的基本语势很容易明白缺失的谓语是“遵守”，所以尽管该句的科学信息受损了，但其言语信息损耗并不明显。例（26）画线的句子很明显缺失谓语，使该句的信息残缺不全，但从后文的语境中可以明白，缺失的谓语应该是“就不看”，换句话说，该句的科学信息和言语信息都有明显损耗，但其言语信息的损耗在篇章语境中可以弥补。例（27）“一个地方”应该是说话人发起的一个新的话题，或者说是主语，按常理来说，说话人应该做一番评论，但这里缺损了，听话人无法知道其内容，即使联系语境也无法明白其所指，信息传递明显受阻，换句话说，言语信息损耗非常明显。

由上例可以看出，谓语的缺损有的会造成言语信息的明显损耗，也有的可以通过语境来弥补这些损耗的信息，我们无法对这种差异进行深入的分析和解释，只是通过数据把基本规律找出来。我们共找到102例谓语缺损的例子，经过仔细辨析，发现造成明显的言语信息损耗、影响信息传递的有64例，约占63%。

2.2.2　宾语缺损

一般认为，句子的信息结构遵循“重心在尾原则”，即句子的信息编排往往是从旧到新，越靠近句尾，信息内容就越新。宾语一般都处于句子的末尾，所以，一般来说宾语都承载了比较重要的信息内容，也就是说宾语的缺损很容易造成信息的损耗，当然在特定的语境中其缺损的信息也可以有一定的弥补。如：

（28）你看还一个，我一个化学系的，也是我也是我带的一个带的一个学生，心理学我教的，现在在××一中当副校长，这个唐××，现在去问下还在，唐××，诶，唐××，也是我的（ ），化学系，到现在二十多年我们都有联系。（80岁，男性）

（29）现在年轻人啊，往往因为也是有这样有有原因的，独生子女多，独生子女都一般来呢就父母溺爱，家庭溺爱，家庭一溺爱的话就就比较娇，所以养成了就是（ ），还有一、一个问题嘞，就所以现在我听到这个放二胎啊我很高兴，应该如此。（93岁，男性）

（30）宜春大学是我记忆的一个重点，这是我生活一个（ ），宜春大学，中山大学是我永生忘记不了的，培养我的母校。（87岁，男性）

上边例句都是宾语的缺损，都造成了信息的损耗，但有的可以在语境中弥补。例（28）缺失了宾语中心成分，但依据语境可以知道应该是“学生”，也就是说本句虽然科学信息受损，但言语信息并没有明显损耗。例（29）也缺失了宾语，但根据语境可以大概明白说话人的意思，指“娇生惯养”一类的贬义词语，当然具体是什么词也不好确定，总之，其言语信息有一定损耗但还不至于影响交际。例（30）也缺失了宾语中心成分，即使根据语境也没办法知道说话人要表达的意思是什么，也就是说其信息传递损耗非常明显。

我们分析了全部69例宾语缺损的句子，造成了明显的言语信息损耗、影响听话人信息接收的情况只有26例，约占38%。

2.2.3 补语和状语缺损

补语和状语都是谓语动词的补充性成分，其所承载的都是一些辅助性的信息内容，即使缺损了一般也不会造成主要信息的损耗。如：

（31）我讲呢我们吃200左右那个那个那个钱咯，好吧，也不要吃太差也不要吃（ ），结果我儿子就讲，200块钱，200块钱能吃到什么东西咯。（83岁，男性）

（32）他在就在，马路上走，一直，随便走路，在马路上走，马路上走路，就等于一辆车子当时就（ ）撞死了，撞死在马路上。（92岁，女性）

上边是补语和状语缺损的例子，依据语境不难判断缺损的词语应该是“太好”“把他”。

我们仔细分析了补语缺损的8个例子和状语缺损的2个例子，发现在语境中都可以明白其意义，不影响其信息的传递。也就是说，补语和状语的缺损所造成的信息损耗都可以在语境中弥补。

通过以上分析可知，谓语缺损对信息的损耗最大，宾语其次，而补语和状语的缺损则不太会影响信息的传递，其中原因也容易理解。布拉格学派的创始人马泰休斯（Mathesius）根据话语在具体上下文或语境中的交际目的，从信息论的角度，提出“主位”和“述位”两个术语：“主位”是叙述的出发点，是已知实事或公认的实事，所以不增加句子的信息量；句子的其他部分是“述位”，是叙述的核心，它包含了要传达给听话人的全部信息量（戚雨村，1993）。很明显，功能语法中的“主位”和“述位”就大致相当于结构语法中的主语部分和谓语部分，也就是说，谓语部分承载了需要传递的全部的新信息，因此谓语的缺损会造成句子信息的明显损耗。宾语作为谓语部分的一个重要的组成部分，其缺损会影响到整个谓语部分的信息承载量，所以其缺损也经常会造成信息的明显损耗。补语和状语都是句子的辅助性成分，其信息负载也是辅助性的，所以其缺损所造成的信息损耗很容易在语境中获得弥补。

2.3 篇章结构缺损的信息损耗分析

篇章涉及句子之间、句群之间、段落之间的关系，其中最小的关系自然是句子之间的关系，老年人话语中篇章结构缺损主要表现为后续句子的缺失。句子是言语交际的最小单位，每一个句子都独自承载了一个完整的信息内容，这些内容不是上下句所能替代的，所以句子的缺损就一定会造成信息的损耗。如：

（33）当时讲为什么回来呢，就是就是我爱人是原来江西教育学院的一个老师，呃，当时我们结婚多年了，又没有生孩子，另外老想调到哪里去呢？调不去，所以我就要求回江西来，所以我就我就这样回来的。（83岁，男性）

（34）所以我对南昌啊，怎么说嘞，我对南昌，应该说，那个，啊，我总记得，我，父亲曾经说过这么一句话，说南昌人一开口，就流里流气，痞里痞气。（90岁，男性）

上边例句都是篇章结构缺损，造成了明显的信息损耗。例（33）“老想调到哪里去呢？”是一个自问自答的句子，说话人本应该自己回答这个问题，但并没有回答，所以听话人自然无从知道其想调去的地方，这个信息的损耗在上下文语境中也无法弥补。例（34）本应该介绍自己对南昌的印象，但这些话语缺损了，转向了父亲曾经说过的话。

上文分析显示，在我们的语料范围之内，词语、固定结构、补语、状语的缺损在语境中基本不造成信息损耗，也就是说不会影响正常的人际交往，但篇章结构的缺损会造成信息的明显损耗，一部分谓语、宾语的缺损也会造成信息的损耗，影响信息的传递。从数量特征来看，造成信息损耗的谓语缺损64例，宾语缺损26例，篇章结构缺损6例，合计96例，占所有话语缺损的42%，因此，我们可以得出结论，老年人话语结构成分的缺损对老年人信息的有效传递会有一定的影响。

三、话语缺损的基本特征及原因分析

3.1　话语缺损的位置特征：右边界缺损倾向明显

话语缺损从结构类型上看主要包括词语缺损、固定结构缺损、句子成分缺损、篇章结构缺损四种情况。从结构本身的构成来看，这些话语结构都属于复杂结构，复杂结构都有下一级的构成成分，所以一个复杂结构至少可以分出首部和尾部两个下位构成单位，有的甚至还可以分出首部、中部和尾部三个下位构成单位。因此，如果从缺损成分所处的结构位置来看，话语缺损就可以分成首部缺损、中部缺损和尾部缺损三种类型。语料分析显示，老年人话语缺损的一个最显著的倾向性特征就是以尾部成分缺损为主，即表现出明显的右边界缺损倾向。下边我们从数量差异上进行阐述。

我们深入分析了80岁到93岁的26位老人近20万字语料，共获得话语缺损227例，发现缺损的主要是结构的右边界成分，下边是具体的情况。

3.1.1　词语和固定结构缺损的位置倾向

在20万字的语料中，我们共发现词语缺损36例，具体词语列举如下：

时（候），以（后），说（法），原（则），规（矩），栏（杆），江（西），混（蛋），红（灯），革（命），一（间），重（点），英（语），口（臭），职（称），时（髦），年（底），火（车），耳（朵），贵（族），自（由），材（料），财（经），商（业），影（片），石家庄（师范学院），吵（架），下（放），知（道），住（院），缺（乏），难（熬），封（闭），慢（慢），作（为）。

（广）播。

这些缺损词语，以名词为主，还包括动词、形容词、副词、介词。不管什么词类，除了“广播”是词首语素缺损外，其他全是词尾语素的缺损。很明显，词尾缺损是主流，其比例超过了97%。

固定结构缺损只发现4例，毫无例外全都是结构尾部成分的缺损。

3.1.2　句子成分和篇章结构缺损的位置倾向

在20万字的语料中，我们共找到谓语缺损102例，宾语缺损69例，补语缺损8例，状语缺损2例，没有发现主语和定语缺损的例子。

谓语缺损的102例中，属于复杂谓语缺损的有62例，光杆谓语缺损的有37例，而缺损动宾结构中动词的只有3例。复杂谓语和光杆谓语都处于小句的句尾，属于句尾性缺损，如前边例（10）、例（11）；动宾结构中动词的缺损属于句中性缺损，如前边例（12）。数量对比非常明显，句尾性缺损占了97%，句中性缺损只占3%，表现出明显的右边界缺损的倾向性规律。

宾语缺损，包括动词宾语缺损和介词宾语缺损。从句法位置来看，动词宾语缺损一般属于句尾性缺损，在语料中没有发现有前置宾语缺损的情况，而介词宾语缺损大都属于句中性缺损。宾语缺损总共有69例，其中动词宾语缺损有66例，占96%，而介词宾语缺损只有3例。因此可以得出结论，宾语缺损以句尾性缺损为主，即右边界倾向明显。

补语和状语的缺损，总共只发现10例，其中补语缺损8例，状语缺损2例。很明显，补语缺损属于句尾性缺损，状语缺损属于句中性缺损，句尾性缺损的比例也要远远高于句中性缺损。

总之，在所有句子成分缺损的例子中，没有出现句首性缺损的情况，句中性缺损只有8例，而句尾性缺损有173例，其比例高达96%，由此看来，句子的缺损以句尾性缺损最为常见，表现出明显的右边界倾向。

篇章结构的缺损，一共6例。因为篇章缺损的主要表现就是说了前句忘了后句，所以毋庸置疑，都是属于尾部缺损。

表1显示各类缺损的具体数据和比例：

表1　老年人话语缺损倾向量化表

缺损结构性质＼缺损部位		首部缺损	中部缺损	尾部缺损
词语缺损		1	0	35
固定结构缺损		0	0	4
句子缺损	谓语缺损	0	3	99
	宾语缺损	0	3	66
	状语、补语缺损	0	2	8
篇章结构缺损		0	0	6
总数		1	8	218
所占比例		4%		96%

上表清楚显示，在227例结构缺损的例子中，尾部缺损有218例，比例达到96%，据此判断，老年人话语缺损，在结构位置上表现出明显的右边界缺损的倾向性特征。

3.2　话语缺损的深层原因：语言和思维脱节

为什么老年人话语中很容易出现结构缺损的情况呢？这其中应该有比较深层次的心理认知原因，主要原因可能是语言和思维的脱节，造成“言不由衷”“心口不一”。

语言和思维的关系是历史上一个悬而未决的哲学问题，不同学科、不同学者对这个问题看法迥异，到目前为止也难以达成共识。如果避开语言和思维谁先谁后的本源问题，有一个事实应该是可以确定的，那就是语言反映和表达思维。按照福多尔（Fodor，1975）、皮亚杰（Piaget，1926）的说法，语言无非是移植在认知上面以表达独立于语言之外的思维（转引自桂诗春，2000）。语言反映和表达思维，可以这样理解，外显的语言形式在大脑中都有一个思维的过程，换句话说，人们在说话之前或伴随说话的同时往往都有一个或长时间或短时间的思维活动。这个思维活动的过程在说某种不熟练的外语时比较明显，说话人往往需要先在大脑中组织好具体的词句后才说出来；但是在说母语时，这个思维活动因为非常短暂往往不容易被察觉，但这个思维活动一定是有的，在一些比较正式的场合或者面对一个比较复杂的话题时，说话人往往也需要事先进行语言的组织，这个时候的思维活动就比较明显。由此看来，对于一个正常的母语使用者，在普通的言语交际中，语言和思维基本是同步的，想到什么就可以说出什么，说出了什么是因为想到了什么。但事实上，语言和思维的关系非常复杂，我们在日常生活中也经常会发生语言和思维脱节的情况，就是说，想到什么不一定就说出了想到的内容，说出的内容不一定就真的是大脑中所想的内容（不包括讲假话）。日常生活中经常发生的口误就有一部分属于此种情况。比如，甲、乙两人在讨论晚上去哪里吃饭，两人之间发生了一段对话：

（35）甲：今晚咱们去哪儿吃饭呢？

乙：去“柴米油盐”。

甲：哎哟，你不是一直喜欢去“菜肴故事”的吗？怎么今天改口味了？

乙：不是，说错了，是去“菜肴故事”。

从这段对话不难看出，说话人乙心中想的是去“菜肴故事”吃饭，但说出来的却是去“柴米油盐”，这就出现“说的不是想的”，即“口不对心”的情况。至于为什么会出现这种情况，原因当然很复杂，需要心理学方面的深入研究，我们想说明的是语言和思维确实会出现脱节的情况。

语言和思维的脱节正是老年人话语缺损的一个非常重要的原因，其主要表现就是想到了的内容并没有都说出来，从而出现了缺损，但说话人可能并没有意识到这种缺损情况的出现。看下边的例子：

（36）但这种方式，给我带来很大的呃，呃，副作用吧，就是胃呀或者是腰呀（ ），好像跟这个有关系，前一段时间发作了，后来，我现在在比较注意。（79岁，女性）

（37）读书是我们的生命寄托，读书是一种生命的寄托，你懂吧，一种生命的追求，我把它提高到这么一个（ ），如果停止了读书，生命也就结束了。（87岁，男性）

（38）在旧社会，在西方世界，到目前到我们这个社会主义社会，我的看法是什么呢？是吧？要录音是吧？（调查者：要给老师回去调研。）没关系，要汇报，哈哈哈。他们（儿女）都很好，嗯，我每天生活习惯都其实一样的，这个还要谈什么？（89岁，男性）

例（36）很明显说话人想说的是“胃呀或者是腰呀不好”，但说出来的却只有“胃呀或者是腰呀”，后边的谓语“不好”缺损了，说话人应该并没有察觉这种缺损，也就是说，语言和思维在这里脱节了，说的和想的不一致，所想到的并没有完全说出来。例（37）情况类似，缺损的是宾语，说话人心中想表达的应该是“提高到这么一个高度”，但“高度”没有说出来，语言和思维脱节。例（38）“我的看法是什么呢？”是一个自问自答句，说话人在自问的时候就一定想好了要回答的，因为这是说话人要表达自己的观点，但是，可能是受到干扰（调查者摆弄了一下录音设备），所以问完之后就没有再回答了，而是转向了其他问题，从而也造成了语言和思维的脱节，即想到的并没有完全说出来。

总之，我们认为，老年人话语结构缺损的主要原因是语言和思维的脱节，从而造成说的与想的不一致，往往是说出的内容比想到的内容要少。

四、话语缺损的年龄关联度

话语缺损不但影响了信息的有效传递，而且在一定程度上影响了口语的流利性，属于口语非流利现象。巴斯曼（Bussmann，1996）认为，非流利指任何形式的言语流利故障。Tseng（2003）将非流利分为四大类：语流中断（沉默、停顿、短停顿）、词语修补（重新开始、重复、显性修补、编辑语、错误、词段）、不完整句法结构（不适当用法、被对方打断、句子中断）、语助词和感叹词。老年人话语缺损属于非流利的不完整句法结构。我们试图探讨不同年龄段的老年人出现话语缺损的频率差异，以此探究口语的流利性和年龄的关联度。

考察人的老龄化和语言流利性的关联度有两个视角：一是个案研究，即对单个研究对象做长时期的观察研究，此种研究耗时较长，需要几十年才能见效果；二是群案研究，即选择某个老年群体，对其进行年龄分段，考察各年龄段语言流利性的差异情况。我们选择群案研究的方法。群案研究最大的问题是需要考虑老年群体的同质性问题。不同老年人的知识水平、职业生涯、人生经历、生活环境、文化背景以及健康状况等都有很大的差异，而这些差异对其语言流利表述能力都会有影响。我们选取了一个同质性较强的老年群体——江西师范大学的退休教师，作为考察对象。

上文已述，我们把所有研究对象以 5 岁为一个年龄段分成 5 组。为寻求研究对象最大的同质性，排除性别差异对研究结果的干扰，在话语缺损的年龄关联度调查中，只选择男性老人作为观察对象。每个年龄组选择 10 位男性老人作为研究对象，共 50 位研究对象。本项研究还设立了一个参照组——中年组，其成员都是江西师范大学 40 来岁的中年男性教师，共 10 人。

我们以相同的话题对所有调查对象进行了一对一的访谈，访谈时间从半小时到一小时不等。然后从每个调查对象的口语材料中截取前面 2 万字作为分析的语料，因此每一个年龄组的口语语料都是 20 万字。我们仔细分析了所有语料的话语缺损情况，统计了各年龄段出现话语缺损的次数。下边是具体的统计数据：

表 2 话语缺损次数与年龄关联情况表

年龄 缺损数	中年组	老年组				
	40 来岁	65—69 岁	70—74 岁	75—79 岁	80—84 岁	85 岁及以上
缺损次数	13 次	15 次	22 次	22 次	29 次	37 次
平均数	13 次	25 次				

从统计数据可以得出以下结论：第一，整体看来，口语中出现话语缺损的频率并不是很高，在 12 万字的语料中总共才出现 138 次。第二，老年组出现话语缺损的频率整体上高于中年组。第三，就老年人而言，随着年龄的增加，出现话语缺损的频率越来越高。第四，65—69 岁的老年组和 40 来岁的中年组出现话语缺损的频率比较接近。第五，70—74 岁的老年组话语缺损频率明显高于 65—69 岁。

根据调查分析可知，老年人的口语流利度整体上低于中年人，老年人随着年龄的增加其口语流利度在不断下降，其中 70—74 岁很可能是老年人口语流利度下降的一个重要转折点。关于 70 岁可能是语言能力下降的转折点，国外学者也有过类似结论，阚泊尔等（Kemper, Thompson & Marquis，2001）进行了一项对老年志愿者写作的纵向研究，发现到了 70 多岁以后，老年人在语法的复杂性和命题内容方面存在着明显的老化衰退现象。高云鹏等（2013）综合外国多项研究成果得出结论，人在 30 岁以后，大多数身体系统的机能每年大概会下降 0.8%—1%，当然，这个过程很缓慢，只是到了 60 岁以后，变化才容易被人观察到。不过，不同的机能老化的程度不同，复杂机能比简单机能老化得快，简单反应时间从婴儿期到 30 岁之前越来越快，到 50 岁、60 岁时开始逐渐减慢，但减慢的程度不明显，70 岁以后，反应时迅速减慢。

五、结论

话语缺损是一种口语非流利现象，还会造成一定程度的信息损耗，缺损成分在结构上表现出明显的右边界倾向，其产生原因可能是语言和思维脱节，从而造成“心口不一”。话语缺损的出现频率与老龄化有正相关性，年龄越大，出现频率越高，其中 70—74 岁这个年龄段尤为明显，据此得出结论，随着老龄化程度的增加，口语流利度在不断降低，其中 70—74 岁是口语流利度下降的一个重要拐点。

参考文献

[1] 高云鹏、胡军生、肖　健 . 老年心理学 [M]. 北京：北京大学出版社，2013.

[2] 桂诗春 . 新编心理语言学 [M]. 上海：上海外语教育出版社，2000.

[3] 戚雨村 . 布拉格学派和马泰休斯的语言理论 [J]. 外国语（上海外国语学院学报），1993（5）.

[4] 萧国政 . 汉语语法研究论 [M]. 武汉：华中师范大学出版社，2001.

[5] Bussmann, H. *Routledge Dictionary of Language and Linguistics* [M].Translated and edited by Gregory P. Trauth & Kerstin Kazzazi. London: Routledge, 1996.

[6] Fodor, J. *The Language of Thought* [M]. Cambridge, MA: Havard University Press, 1975.
[7] Kemper, S., Thompson, M. & Marquis, J. Longitudinal Change in Language Production: Effects of Aging and Dementia on Grammatical Complexity and Propositional Content [J]. *Psychology & Aging*, 16 (4), 2001.
[8] Piaget, J. *The Language and Thought of the Child* [M]. New York: Routledge and Kegan Paul, 1926.
[9] Tseng, S. C. Taxonomy of Spontaneous Speech Phenomena in Mandarin Conversation [R]. ISCA & IEEE Workshop on SSPR, Tokyo, 2003.

A Study of the Discourse Incompleteness of the Elderly

LIU Chuqun
The Research Centre for Language and Language Life, School of Chinese Language and Literature, Jiangxi Normal University

Abstract: Discourse incompleteness is a common phenomenon in the speech of the elderly, including the incompleteness of words, fixed structures, sentence elements and discourse structures. In terms of the positions of structures, discourse incompleteness obviously inclines to the right boundary. It is a non-fluency phenomenon in speech, and can cause negative influence to the effective communication of information. The underlying reason for discourse incompleteness is the disjunction between language and thinking. In other words, one cannot completely say what he thinks. The survey data show that there is a positive correlation between the occurrence frequency of discourse incompleteness and aging. Thus, it can be concluded that aging can result in the decline of speech fluency and the age between 70 and 74 is a turning point in the decline of speech fluency of the elderly.

Keywords: language of the elderly; speech; discourse incompleteness; thinking

作者简介

刘楚群，江西师范大学文学院语言与语言生活研究中心主任，硕士生导师。主要研究方向：现代汉语语法、社会语言学。
（通信地址：330022 江西省南昌市紫阳大道 99 号 江西师范大学文学院新校区）

张宝林研究员著作《汉语语法的多层面考察》出版

北京语言大学语言科学院语言政策与标准研究所张宝林研究员的专著《汉语语法的多层面考察》于 2015 年 10 月由北京语言大学出版社出版。该书集中反映了作者在现代汉语语法本体研究方面的成果，分为上、中、下三编，所探讨的都是汉语语法研究中存在较大争议且尚未解决的问题：上编 5 章考察了汉语的词类问题，包括部分动词、形容词、副词和连词；中编 3 章研究了“是……的”句问题；下编 4 章探讨了语段问题。鉴于“是……的”句在汉语教学中的重要地位与作用，附录还收入了两篇该句式的偏误分析与习得研究的论文。本书采取统计的方法，对上述问题进行了深入的考察与分析，用数据说话，结论具有较强的说服力，也有不少新的发现。相信本书的出版一定能够推动现代汉语语法本体研究中难点问题的解决。

美国华语“景观语言学”初探*

陈卫恒　北京语言大学外国语学部

[摘　要] 本文通过对美国洛杉矶地区华语景观的实例分析，展现了当地华语语言使用的特色，并以此为基础提出了美国华语生活“景观语料库”及“景观语言学”（包括“景观语法学”“景观词汇学”“景观语音学”“景观字形学”等可能分支）的设想，体现了语言景观研究的新进展。

[关键词] 美国　华语　语言景观　景观语言学

一、引言

本文旨在结合美国华语[①]语料资源建设的需要，通过具体图像资料的收集和分析来探讨美国华语研究的方法问题，并尝试提出“景观语言学”的概念。

语言研究方法和路向的选择，在很大程度上取决于我们所面对的研究材料的特点。当代美国华语区别于中国大陆普通话和世界其他地区华语的变异特点，主要体现为两大互动，即华语内部各路移民方言的互动，以及华语和英语等外语的互动。相应地，当代美国华语的研究方法和路向当然应以展现和发掘此特点为中心。前人对此虽已有些尝试，但多偏重于语言外的事实，包括政治、经济、社会、文化等，较少关注语言本体问题。无论是在华语现象和材料的收集上还是在理论分析上，已有的研究对于有关互动内容缺少从语言本体角度的充分关注，对于真正的、鲜活的区别于世界其他地方的美国本土华语特色挖掘不够。

这一缺失与研究手段不足有关，特别是由于缺少相关语料库资源，我们对于美国华语的总体事实无法准确把握，更无法进行基于充分语言事实的踏实、深入的理论分析。而要改变这一面貌，关键就是应逐步建立反映美国华语状况、适合研究需要的各类语料库。相关学者的研究也集中体现了这方面的尝试和进展。

本文认为，在各类语料库中，有一类语料库的建设，虽然耗时耗力，但尤为重要，这就是基于日常华语生活的语言景观语料库。下面我们首先简单介绍一下来自国外的“语言景观”的概念，然后再结合美国华语研究的实例来说明美国华语中的语言景观现象及研究方向。

二、从“语言景观”到“景观语言学”

语言景观，也称“语言学景观”（linguistic landscape），来自于20世纪90年代的西方社会语言学或人类语言学的一个分支，其主要研究对象为公共场所及商业地段的文字视觉材料。卡尔韦（Calvet，1990、1994）对法国城市巴黎和塞内加尔的研究，斯波尔斯基和库珀（Spolsky & Cooper，1991）对以色列耶路撒冷的研究等，可为代表。兰德里和布尔里（Landry & Bourhis，1997）正式提出“语言学景观”的概念。之后，这方面研究发展迅速。一方面，研究地域更为广泛，如伊塔基和辛格（Itagi & Singh，2002）对印度、雷（Reh，2004）对乌干达、波尔恩（Born，2004）对巴西、巴克豪斯（Backhaus，2006）对日本

* 本文为2011年度国家社科基金重大课题“全球华语语法研究”（11&ZD128）阶段成果，调研过程同时受到中国国家汉办“汉语桥基金”项目“大洛杉矶地区汉语教学资源现状的综合考察”的支持，谨致谢忱。

① 本文的“华语”指海外汉语或中文，包括口头和书面形式。如强调书面形式，本文主要使用“中文”。

语言景观的研究等。另一方面，理论和研究方法的探讨也愈加深入，如巴克豪斯（Backhaus，2007）、肖哈密和高尔特（Shohamy & Gorter，2009）、布龙马尔特（Blommaert，2012）、布龙马尔特和马利（Blommaert & Maly，2014）等。2006 年《多语言主义国际学刊》（*International Journal of Multilingualism*）还出了关于语言景观的专辑。2015 年，约翰·本杰明出版公司也出版了专论语言景观的学术期刊《语言学景观：一个国际专刊》（*Linguistic Landscape: An International Journal*）。专辑和专刊的出现，不仅说明了研究成果的丰富，也进一步促进了研究的深入。

值得一提的是，研究者对于中文、中国语言景观的关注也逐渐增强。除了零散的讨论外，如布龙马尔特（Blommaert，2012）对比利时安特卫普、伦敦中国城中文景观的讨论，楼佳（Lou，2007、2010、2012）、李曼和默丹（Leeman & Modan，2009）对美国中国城语言景观的研究，田飞洋和张维佳（2011）对北京市交通路牌的研究，博肖弗（Bochove，2011）对北京英语语言景观的研究，克鲁恩等（Kroon et al.，2013）对国际化背景下都市中文语言景观的研究，均属专论性质。自 2012 年开始，北京市语言文字工作委员会支持的“北京语言文化资源信息库”专项研究①，对北京市语言景观信息的收集也有专门的关注，如项目包括的北京皇家园林庙宇楹联牌匾资源信息库、北京地名文化资源信息库、北京语言文化图典资源信息库、北京外语使用情况信息库等。这些都体现了研究的深入。

显然，目前的语言景观研究，总体侧重于社会、文化因素，对于语言本体或与语言使用相关的语言学事实缺少关注和研究，因此更谈不上从这一角度出发的语料的充分收集（可参见尚国文、赵守辉，2014）。本文作为尝试，希望能抛砖引玉，促进侧重语言本体的语言学景观的描写和研究，以服务语言教学和研究。为了区别，这一路向，或可称作“景观语言学”（英语称 landscape linguistics 或 landscapic linguistics）。根据研究者关注语言本体结构层面的不同，还可有“景观语法学”“景观词汇学”“景观语音学”“景观字形学”等不同的分支。

本文将主要考察洛杉矶及其附近地区的华语景观。该地区为美国华人主要聚居区，其华语景观现状不同于亚洲华人社区的情况。该地区语言接触的密集性和语言使用者背景的复杂性为研究提供了新材料。我们希望此研究可以为类似的海外华语研究提供一个有益的借鉴。

三、当代洛杉矶地区华语生活景观实例

这一部分我们首先描述当代洛杉矶华人地区一些值得注意的语言景观现象。历史部分放在下一节考察。

3.1　反映不同华语变体互动的图片

3.1.1　“二”字的用法

我们在蒙特利尔公园市看到了这样一张告示牌：

图 1

图 1 中的“二”字，显然不符合中国的习惯用法。“二小时”，在标准的普通话中一般作“两小时”。

① 参见 http://www.beijing-language.gov.cn/xxkd/2012-05-22/329.html。

3.1.2　南方方言词："什工"

"什工"显然不是标准普通话的词汇，它见于蒙特利尔公园市一家"香港茶餐厅"的橱窗上，见图 2。

图 2

"什工"指的就是餐厅服务员或杂工、伙计，常见于中国南方地区的餐饮业，具有南方方言特色。

3.2　反映英语对华语影响的图片

3.2.1　新词："足科"

在蒙特利尔公园市的一家医疗中心，我们拍到了这张照片：

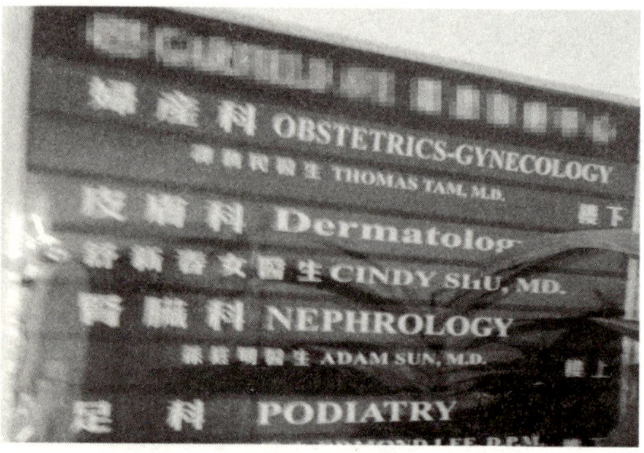

图 3

图 3 中，"足科"一词显然是英语 podiatry 的汉语翻译，国内也有翻译为"足踝医学"的。根据北京天坛普华医院足踝外科主任胡宝彦的说法，"足踝医学（podiatry）在国内来讲是一个比较新鲜的名词，但是，在欧美一些发达国家已有相当久的历史，……国内……直到 2002 年才成立了中华医学会骨科学会足踝外科分会。全国范围内也仅有几家医院设立了足踝外科。"①这反映了英语对于华语的影响。

3.2.2　词语搭配："家庭和菜""家庭晚饭"

图 4

图 4 中的"家庭和菜""家庭晚饭"也反映了英语对华语的影响，属典型的直译。

这里，"和菜"的译法，也有明显的南方方言背景②，其所指大致相当于中国北方的"烩菜"③。但是，这样翻译显然有不准确的地方。因为英语的 combo 只是指不同的菜（食物）在价钱上搭配着作为一揽子卖，而并没有把不同的菜搭配加工成一道菜的意思。所以，严格来说这只是一种不准确的翻译，但却满足了华语社区临时称述之便。

3.2.3　英文标点用于汉语行文

标点（punctuation）也属于广义文法的一部分。在

① 参见 http://www.daifumd.com/_daifumd/artdetails_140681.html。即使在美国，不同的州认定足科医师负责的范围也不太一样，像在佐治亚州，从髋部以下都可由足科医师处理，但加利福尼亚州足科医师只针对脚踝以下的问题（膝盖痛症就不属于足科）。具体参见《世界日报》2015 年 8 月 31 日的文章《脚跟痛是足科最常见的问题》。

② 和菜，江苏南通汉族小吃，节日食俗之一，是一种什锦菜。南通人过端午节，除了吃粽子、浆糟（酒酿）、烤大蒜头等，午餐菜肴中也有一些节日特色菜。在南通人的餐桌上往往有一碗五色杂陈的菜肴，叫做"和菜"（"和"方言谐音"贺"）。具体参见 http://baike.baidu.com/view/3233703.htm。

③ 烩菜，大多为许多原料一起炖、煮制而成，分为河南烩菜、东北乱炖、博山烩菜等各种做法。上等称"海烩菜"，配有海味，中等的称"上烩菜"，一般的称"行烩菜"。具体参见 http://baike.baidu.com/view/807312.htm。

华人较多的社区，常可看到中英文标点杂用的现象，如图 5。

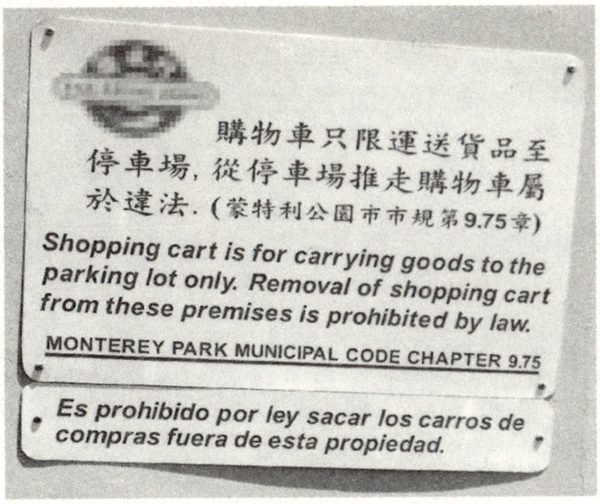

图 5

图 5 中，句子整体用语生硬，虽然每个词都是汉语词，但连起来的句子却像是英语的表达。就标点符号来看，其中的句号，显然使用的是英文的句号（period/full stop/full point）。

3.2.4　语序问题

以下是我们在西来寺拍到的照片：

图 6

旗幡上的"走路注意台阶"，在台阶上则写作"注意走路台阶"（因台阶磨损严重，所照照片此处无法清楚展示，只能从略），语序显得非常灵活。后者可能受到了英语 watch your step 语序的干扰。

四、历史上的华语生活景观资料

美国华语还有一些珍贵的历史图片资料，值得研究。我们在华盛顿美国国家档案馆（National Archives of the U.S.A.）见到有关早期抵美华工的两幅照片。一幅是 1909 年的一份中华会馆传单：

中華會館傳單

啟者現在碼頭木屋遷往煙治埃崙種種行為不勝苛虐昨各梓里齊集中華會舘籌商對待經即傳電省港止截各客甯由別港來美勿由大埠其已經到來之客該證人亦勿赴審務期萬眾一心以爭回平等之權利凡我梓里慎毋自顧私謀破壞團體以取罪戾可也

此佈

宣統元年十二月廿五日　中華眾梓里同啟

图 7

另一幅是 1911 年自香港乘船抵达旧金山华工的一张登记卡，上有花旗公司的相关说明：

H.K.11.8.10.2M.No.5

List No. ______ Ticket No. ________

Name. ______ Age. 21

Per S. S. ______ Voy.39 Sail. H.K.9/6/11

Destination: San Francisco, Cal.

煩先映正面軟相一張貼在右便驗眼之日請携此紙到本公司辦房處以便花旗醫生驗眼用但凡往墨西哥國者祈映多正面三寸軟相一張得來貼在右便處

花旗公司謹啟

笔者按：此处贴有某年轻华人的黑白照片。

图 8

由于档案馆禁止拍照，两幅照片仅能复记、引述如上，以飨国内读者。这两份语料书写方向从右向左、从上到下，且无任何标点，体现了早期（清代）的美国华语书面语的特色，弥足珍贵。除行文使用繁体字外，就内容来看，两份语料用词文言味道十足，但里面也掺杂着一些口语词，反映了当时粤语白话的特色和英语的影响。前者所提"码头木屋"，指的是 19 世纪初美国移民检查站设在旧金山海边的太平洋邮船码头天使岛（Angel Island）附近，主要用于检查和扣留中国及其他亚洲移民的暗无天日的木屋。“烟治埃仑”，也作“烟租埃伦”，即臭名昭著的“天使岛”。① 早期不懂英语的华人，寻音记字也有简称“埃仑”②的。

后者行文中，把拍照片说成“映……软相”。其中“软相”应该来自英语 soft negative，也可只译作“软底片”“软片”，或称为“菲林”“胶卷”“底片”等。“墨西哥国”作为对墨西哥的称呼，有早期味道，现在华人一般只说“墨西哥”。“此纸”，现在一般说“此证”。“右便”，应即“右边”，体现了早期的写法。“办房”也应是一个旧词，指在轮船、旅馆等处干杂务的服务人员。③ “办房处”，是 office 的对译，或是指公司处理杂事的办公室。

这些材料，可与其他早期华人移民留下的宝贵材料（如《木屋拘囚序》等）相互参证，如能认真挖掘和收集，对于追溯美国华语发展源流、文法风格变异、方言特色、英语影响等都有着重要的参考价值。

五、结语：关于美国华语生活“景观语料库”及“景观语言学”的设想

以上我们通过具体实例，展示了语言生活景观资料对于美国华语研究的意义和作用。它们生动地反映了美国华语的现状和历史，是海外华语研究的宝贵资源。

我们认为，这些材料如能逐步加以收集并充分利用，当能很好地辅助美国华语的研究。特别是，如能进一步完善材料收集的数量和质量，逐步建立起面向语言学研究的美国华语生活“景观语料库”，并以此为基础展开“景观语言学”（包括景观语法学、景观词汇学等分支）的研究，无论对海外华语研究还是对语言景观研究，都有一定新意。

5.1 关于美国华语生活“景观语料库”建设的设想

美国华人众多，是海外华人的主要聚集地之一。美国的华语生活景观，丰富多样。建立华语生活“景观语料库”，旨在按照一定程序，规范、科学、全面地收集和整理美国华语生活的图像资料。

为了准确、忠实地记录美国华语的实际，这一语料库可着重在以下几方面进行完善：

（1）语言景观的时空坐标可以力求详细。时间方面，图像资料可以显示出具体的拍摄日期，甚至具体时刻。空间方面，可以显示出具体的街道位置、街牌号码。

（2）拍摄的内容，不限于街道路牌、标志牌，所有涉及语言事实的景观，不论在什么位置，都可以成为拍摄内容。

（3）为了尽量全面地获取信息，拍摄的方式不仅可以是照相，也可以是录像或录音。照片取景应对其周围关联景观一同取像，以便充分展现相关、相邻事实。对于一个语言景观的取像，可有前景 / 背景、近景 / 中景 / 远景的区分，对场景中的相关因素进行尽量充分的描写。比如，上文中“家庭和菜”“家庭晚饭”的照片，如把镜头再放远些，就可见到此店附近的“晓街发廊”（见下页图 9）。其中“年长者剪发 $5”的广告说明发廊经营者可能与香港云吞面世家一样有香港话的背景，因“年长者”或“长者”作为一个对老年人避免“老”字的婉称（犹如英语的 senior citizens 或 seniors），今主要见于香港地区。④

---

① 《木屋拘囚序》（载 1910 年 3 月 16 日旧金山华文报纸《世界日报》）前所附“记者志”提到，“此稿由被囚烟租埃伦（Angel Island）木屋中人寄来。亟照原稿登录，以供众览。”参见 http://www.literature.org.cn/Article.aspx?ID=44643。

② 早期移民所作《木屋囚禁序》有云，“船泊码头，转拔埃仑之孤岛。离埠十里，托足孤峰。三层木屋，坚如万里长城；几度监牢，长启北门锁钥。同胞数百，难期漏网之鱼；黄种半千，恍若蜜罗之雀。”参见 http://www.literature.org.cn/Article.aspx?ID=44643。

③ 此为《汉语大词典》之释义。该词典又有例句“那汽船的办房，是傅成向来认得的，就托他找一间房子，匿在那里。(《廿载繁华梦》第一回)”

④ 新加坡华语也使用，更常用的是“乐龄”（汪惠迪，2002）。

图 9

（4）景观的拍摄和采集应连续、及时。特别是随着建筑物的改造、拆除，语言景观常常变动不居，甚至转瞬即逝。所以，研究者需要有对语言资源的抢救意识，及时地记录语言的景观状况并长期持续，才能有望建立反映历史轨迹的资料库。

5.2　关于美国华语生活"景观语言学"研究的设想

"景观语言学"，顾名思义，是基于或借助语言景观的图像资料而进行的语言学研究。

相对于以往的研究而言，景观语言学更加突出了语言研究对语用情景因素①的关注。以往的研究，从基于文献资料的书面语语法研究到后来基于口头语料的口语语法研究，已体现出研究者对于语言具体使用场景的关注和重视。由于研究工具和手段的改良，特别是随着音像录制工具和手段的改良，语料中含有越来越多的语用场景信息，但语言现象和语用背景的关系依然无法得到形象、充分的体现。景观语言学（包括语法、词汇、语音、字形等不同研究层面）有望补充这一不足，通过充分的图景展示，生动、形象、有趣地体现具体语言现象出现的语用条件和动因，动态、微观地揭示语言在语用中发展和变异的过程。

一方面，景观语言学有利于全面揭示美国华语变异的多语言系统互动、多结构层面关联的背景。我们知道，美国华语研究的重点在于研究它相对于汉语普通话以及其他海外华语的特殊变异。这种变异，常常不仅体现出英语、汉语及其方言等多语言系统的特点，也体现出语法、语音、字形等多结构层面的特点。有了充分的图景展示，研究者对于美国华语多系统、多层面变异的分析可以更为全面，对于其关联的背景可以有更为准确的判断。比如，下图是一家日用品商店贴出的卖袜子的广告：

图 10

图 10 希望表达的内容大致是"纯棉短袜，每扎 1 元"。其中，"socks/ 扎"的说法，有英汉的杂糅，也有一定汉语方言特色（"扎"在普通话里似更多用"捆"）。同时，在字形上，也可看到繁简系统的互动，"纯棉"的"纯"字使用了繁体，"袜"字用了简体，但右边却写成了"未"。

另一方面，景观语言学也有利于找到语言本体的使用研究和社会语言学的恰当结合点②，挖掘语言现象背后复杂的语用情景和社会背景因素。在景观语言学的研究过程中，不仅可以照相，也可以录像。我们

① 海姆斯（Hymes，1974）把语用情景因素概括为 8 大类 16 小类。

② 目前，社会语言学对于语言景观也已多有关注，但有偏重社会因素而偏离语言本体研究的倾向（Bochove，2011；Kroon et al.，2013）。

可通过展示说话者生活、工作的具体场景来分析美国华语一些特殊的语言现象。比如，笔者有一位朋友，经常说的一句话是“没所谓”或“没有所谓”，相当于普通话的“无所谓”。据笔者了解，这样说的人一般有粤语背景，是粤语方言背景的人在学习普通话时的常见错误。①因为粤语“无”常可对应普通话的“没”，如“无问题”普通话说“没问题”，所以“无所谓”也就类推说成了“没所谓”。但问题是，笔者这位朋友从河南直接来美国，从未去过粤语地区，又何以有如此错误呢？笔者发现，这与她的工作环境有关。她来美国二十多年，一直供职于一家广东、香港同事为主的旅行社，语言习惯也受了粤语的影响。这一事实，显然也可通过对其日常工作场景的录像得到清楚的展示。

参考文献

[1] 尚国文、赵守辉．语言景观研究的视角、理论与方法 [J]. 外语教学与研究，2014（2）.

[2] 田飞洋、张维佳．全球化社会语言学：语言景观研究的新理论——以北京市学院路双语公示语为例 [J]. 语言文字应用，2014（2）.

[3] 汪惠迪．新加坡华语特有词语探微 [A]. 周清海编．新加坡华语词汇与语法 [C]. 新加坡：玲子传媒私人有限公司，2002.

[4] Backhaus, P. Multilingualism in Tokyo: A Look into the Linguistic Landscape [J]. *International Journal of Multilingualism*, 3(1), 2006.

[5] Backhaus, P. *Linguistic Landscapes: A Comparative Study of Urban Multilingualism in Tokyo* [M]. Clevedon: Multilingual Matters, 2007.

[6] Blommaert, J. Chronicles of Complexity: Ethnography, Superdiversity and Linguistic Landscapes [A/OL]. *Tilburg Papers in Culture Studies*, paper 29, 2012. http://www.tilburguniversity.edu/upload/19fb666f-300e-499b-badf-90204b0e89b1_tpcs%20paper29.pdf.

[7] Blommaert, J. & Maly, I. Ethnographic Linguistic Landscape Analysis and Social Change: A Case Study [A/OL]. *Tilburg Papers in Culture Studies*, paper 100, 2014. http://www.tilburguniversity.edu/upload/6b650494-3bf9-4dd9-904a-5331a0bcf35b_TPCS_100_Blommaert-Maly.pdf.

[8] Bochove, L. Van. *Sightseeing English in Beijing: An Ethnographic Study of Chinese-English Public Order Notices in the Linguistic Landscape of Beijing* [D]. Unpublished MA thesis at Tilburg University, 2011.

[9] Born, J. Zurück in die Folklore oder vorwärts als Werbeträger? Deutsch und Italienisch im öffentlichen Leben Südbrasiliens [A]. In J. Darquennes, P. Nelde & P. J. Weber (Eds.), *The Future Has Already Begun (Plurilingua 25)* [C]. St. Augustin: Asgard, 2004.

[10] Calvet, Louis-Jean. Des mots sur les murs: Une comparaison entre Paris et Dakar [A]. In Robert Chaudenson (Ed.), *Des langues et des villes* (Actes du colloque international à Dakar, du 15 au 17 décembre 1990) [C]. Paris: Agence de coopération culturelle et technique, 1990.

[11] Calvet, Louis-Jean. *Les voix de la ville: Introduction à la sociolinguistique urbaine* [M]. Paris: Payot et Rivages, 1994.

[12] Hymes, D. *Foundations in Sociolinguistics: An Ethnographic Approach* [M]. Philadelphia: University of Pennsylvania Press, 1974.

[13] Itagi, N. H. & Singh, S. K. (Eds.) *Linguistic Landscaping in India with Particular Reference to the New States: Proceedings of a Seminar* [C]. Mysore: Central Institute of Indian Languages and Mahatma Gandhi International Hindi University, 2002.

[14] Kroon, J. W. M., Blommaert, J. M. E. & Dong, J. Chinese and Globalization [A]. In Joana Duarte & Ingrid Gogolin (Eds.), *Linguistic Superdiversity in Urban Areas: Research Approaches* [C]. Amsterdam & Philadelphia: John Benjamins Publishing Company, 2013.

[15] Landry, R. & Bourhis, R. Y. Linguistic Landscape and Ethnolinguistic Vitality: An Empirical Study [J]. *Journal of Language and Social Psychology*, 16 (1), 1997.

[16] Leeman, J. & Modan, G. Commodified Language in Chinatown: A Contexualized Approach to Linguistic Landscape [J]. *Journal of Sociolinguistics*, 13(3), 2009.

[17] Lou, J. J. Revitalizing Chinatown into a Heterotopia: A Geosemiotic Analysis of Shop Signs in Washington, D. C.'s Chinatown [J]. *Space and Culture*, 10(2), 2007.

[18] Lou, J. J. Chinese on the Side: The Marginalization of Chinese in the Linguistic and Social Landscapes of Chinatown in Washington, D. C. [A]. In E. G. Shohamy, E. B. Rafael & M. Barni (Eds.), *Linguistic Landscape in the City* [C]. Bristol: Multilingual Matters, 2010.

[19] Lou, J. J. Chinatown in Washington, D. C.: The Bilingual Landscape [J]. *World Englishes*, 31(1), 2012.

[20] Reh, M. Multilingual Writing: A Reader-oriented Typology—With Examples from Lira Municipality (Uganda) [J]. *International Journal of the Sociology of Language*, 170, 2004.

[21] Shohamy, E. & Gorter, D. *Linguistic Landscape: Expanding the Scenery* [M]. New York & London: Routledge, 2009.

[22] Spolsky, B. & Cooper, R. *The Languages of Jerusalem* [M]. Oxford: Oxford University Press, 1991.

① 参见 http://www.beijingputonghua.com/learning/jyzt/jyzt030418b.htm。

Landscape Linguistics of the Chinese Language in the U.S.: A New Perspective

CHEN Weiheng

Faculty of Foreign Studies,

Beijing Language and Culture University

Abstract: Illustrated by a case study in Los Angeles, this paper presents the notions of landscape (or landscapic) corpus and landscape (or landscapic) linguistics (including such possible branches as landscape grammar, landscape lexicology, landscape phonology or phonetics, landscape orthography, etc.) , whic reflect the advances in studies on linguistic landscapes.

Keywords: the United States; overseas Chinese language; linguistic landscape; landscape or landscapic linguistics

作者简介

陈卫恒，北京语言大学外国语学部教授，博士生导师。主要研究方向：理论语言学、历史语言学。

（通信地址：100083 北京市海淀区学院路 15 号 北京语言大学外国语学部）

Ladefoged 等著《世界语音》中译本出版

由国际著名语言学家 Peter Ladefoged 和 Ian Maddieson 合著，张维佳和田飞洋翻译的《世界语音》一书于 2015 年 8 月由商务印书馆出版。该书描述了人类语言的发音过程，对语言中可能出现的几乎每一个语音都进行了详细的描写。全书充分运用发音生理学、实验语音学、空气动力学等方法对世界语言的不同声音进行了深入的分析和研究，并用大量的声谱图和音值表来比较发音、归纳声学特征，使读者对不同音段的特点一目了然。书中涉及的语言多达 400 余种，其中许多都是作者田野调查所得到的第一手资料。

全书共分十一章，分别讨论了调音部位、塞音、鼻音、擦音、边音、R 类音、啰音、元音及多重发音等。书中对每一个音所属的语言都进行了举例说明，其中既有学界熟悉的印欧语系诸语言，也有学界不甚熟悉的亚非语（如乍得语、闪米特语等）、高加索语、澳大利亚土著语和新几内亚语等。书中还对辅音的调音方式、调音部位及元音的音色、复合元音的动程等进行了详细的声学分析，对世界各种语言的不同音段做了定性或定量的分析。

《世界语音》为当代语音学和音系学提供了不可多得的证据和参考，是该领域研究者的必读书目。

语言教育规划

英语不是母语教育的绊脚石*

——论小学阶段的英语与语文教育

李桂梅　北京语言大学语言科学院

［摘　要］ 本文针对学英语妨碍母语教育的看法，阐述了小学阶段的英语和语文教学的理念、方法。本文认为小学英语教学要用先进的儿童第二语言习得理论为小学生提供一条高效的英语习得之路；语文方面应加强自身基础建设，为学生提供大量优质、科学的阅读材料，注重学生语文逻辑思维和口头语言表达能力的培养。

［关键词］ 小学阶段　英语教学　语文教育　语言习得

近年来基础教育学界关于小学教育中英语课与语文课的关系展开了热烈的讨论。有一种观点认为，小学阶段太早开设英语课会影响语文教学和学习。其实，不只在小学阶段，在中学、大学，似乎也有这样一种倾向，往往会把英语与母语相对立，把母语水平的不理想归咎于对英语的过度重视。毋庸置疑，母语教育是基础教育中最重要的组成部分，应该占据最重要的位置。然而，母语教育与英语教育是否就是对立的？对早期英语教育的重视是否会影响和削弱母语教育？我们认为答案是否定的。同时我们也要注意到，从整体来看我国学生的英语水平并不是很理想。据带领中国学生参加世界级辩论赛的老师反馈，中国学生的英语在世界舞台上是最弱的。上海市世界外国语中学常务副董事长罗佩明也曾指出，“目前国内高端英语人才还很欠缺，同声传译、高级翻译多是上了年纪的中老年人，我们没有理由觉得我国学生的外语水平已经够了”。①这样看来，目前的状况是母语教育和英语教育都不令人满意。原因在哪里呢？本文尝试从早期英语教育重要性的角度来讨论英语学习从什么时候开始，以及小学需要什么样的英语课；并且针对英语教育影响母语教育的观点来讨论英语课与语文课是否存在冲突，进而反观语文教育不理想的根源。

一、英语能力和习得

1.1　英语能力是必备能力

英语是我国外语教育的主要语种，也是世界范围内通行最广的语言。英语作为事实上的全球通用语，承载了世界上最多、最先进的科技知识。这种现状不是我们短时间内一厢情愿就能够改变的。我们要获得

* 本研究受国家语言文字工作委员会“十二五”科研规划2015年度重点项目“中小学语言文字知识教学现状调查与改进策略研究”（ZDI125–51）及北京语言大学院级科研项目（中央高校基本科研业务专项资金）（16YJ050002）资助。

① 摘自新华网2014年1月2日文章，网址：http://education.news.cn/2014-01/02/c_125944825.htm。

先进的科学技术，要与世界各国开展贸易往来、文化交流，英语都是必需的。李宇明（2011）提到，我国缺乏“复合型”外语人才，尤其是“专业＋外语”的复合型人才更是不足。在中国是会员国的国际组织中任职的中国公民很少，其主要原因之一就是外语不够流利。这些国际组织使用的工作语言第一就是英语，在大部分的国际性学术会议、经贸论坛等活动中也是如此。可以说，流利的英语是高精尖人才的一个必备能力。

作为一个21世纪的普通中国公民，是否必须至少掌握一门外语？这个答案无疑也是肯定的。近年来，“国家语言能力”这一概念被多次提起，根据李宇明（2011），国家语言能力的一个重要构成部分是公民语言能力，“公民语言能力之和，便构成了国家语言能力的基础”。以北京为例，作为国际性大都市，在一些服务行业如出租车、商店、餐饮、旅游等，从业人员运用英语进行简单的交流应该是必备的公民语言能力。这一能力不可能仅通过突击培训来获得，而应该以教育的普及、社会的普及为基础。2013年的俄罗斯索契冬季奥运会就是一个典型的例子。很多游客抱怨在安检、出租车、酒店等地方因语言问题而遇到的麻烦，“商店的店员居然连‘water’都不知道是什么意思”。我们不敢说北京街头的商店店员有多少能胜任。提高普通公民日常英语的基本交际能力，也就整体上提升了国家语言能力。

1.2　语言习得的关键期

既然英语学习是必需的，那么我们就应当找到最有效、最适当、最省时省力的方法来完成这件事。

语言能力的获得不同于其他知识和能力，有明确的关键期。Lenneberg（1967）首先提出了语言习得关键期的概念，他认为自然语言习得的关键期是2岁开始至青春期到来之前，即出生后的10—12年。这个阶段大脑具有可塑性，语言习得能够自然而轻松地进行。错过了语言习得的关键期，自然的语言能力习得将变得非常困难，地道的发音更是不可能。在语言习得关键期内为孩子创造自然习得语言的条件，培养语感，将为今后的学习起到事半功倍的作用。我们经常听到这样的抱怨，英语学了十几年，依然不能自如地听说；大学生也把大量的时间精力用在应付各种各样的英语考试上。英语是一个工具，所谓“磨刀不误砍柴工”，我们要花时间把“刀”磨好，但也不能很长的时间内都在“磨刀”，“磨刀”更不能代替“砍柴”。虽说外语学习是一个漫长的过程，但在大学阶段还把主要精力放在英语而不是专业知识的学习上，那就是本末倒置了。如果在语言习得关键期内接收过大量的英语输入，培养了良好、地道的语感，学生较早地掌握了这一工具，大学阶段只是通过运用来巩固，那么这一倒置的情况就不存在了。

有学者反对从小学英语，认为年长的学习者在很多方面比年幼者具有更多的优势。比如桂诗春（1992）就提到不少国外的实验研究证明年长的学习者更具有优势。但其所指都是传统教学法下的课堂教学和学习。在第二语言教学理论中，“学习”和“习得”是两个非常不同的概念。“学习”是教师按照词汇、语法、句型等语言要素进行讲授，学生按照这些要素进行学习。而“习得”是儿童在大量接触一种语言的情况下自己学会的。成年人学习外语是“学习”，儿童掌握母语或双语环境下的孩子掌握第二语言是“习得”。桂诗春（1992）也不否认在合适的外语学习环境下，年龄小的学习者比年龄大的学习者更具有优势。这种情况下的学习就是“习得”。桂诗春（1992）质疑“从小学英语”的另一个主要原因是从教育经济学角度考虑，认为我国不具备在小学阶段的英语教学中投入人力、物力和财力的条件。但社会经济发展到今天，我们有先进的多媒体教学设备，有海量的原版教学资源，完全可以为孩子们创造自然习得英语的环境。总之，英语可以不“从小学起”，但英语“习得”应该从小开始。

1.3　社会阶层的平等教育机会

有需求就会有存在，社会上各种各样的英语班日益盛行。如果在低年级阶段取消英语课，还会产生一个潜在的社会问题，即家境较好的孩子依然有机会在早期习得英语，他们可以在辅导班里学，在私立学校或国际学校学，而贫寒子弟将失去这一机会，在以后的初中、高中学习中需要付出更多的努力。我们已经看到，经济因素对教育成效的影响越来越显著，重点大学中农村子弟、家境贫寒的子弟所占的比例越来越低。鉴于英语对于精英阶层的作用，如果公立学校不提供早期英语教育，无疑将加重经济因素的影响，使得社会阶层固化，贫穷的孩子通过教育改变命运的道路会更加艰难。不具备早期英语教育条件的地区我们姑且不谈，如果有条件开设而因为莫须有的理由取消实在是太大的损失。

二、小学需要什么样的英语课

2.1 可理解的语言输入

在一个单一语种的语言环境中，每一个健康的人出生长大后都会自然地习得自己的母语。在多语言地区，存在双母语、多母语的现象，这些地区的孩子出生后自然习得两种或多种语言，能熟练地运用这些语言进行交流而不会感到混淆或麻烦。这些孩子之所以能够学会两种以上的语言，是因为在学说话之前，先接收了大量的语言输入。语言输入在具体的语言情境中出现，不断重复，这是儿童能够学会一门语言的关键。对于处于语言习得关键期的小学生来说，学校的英语教育需要的就是为孩子们提供大量的、可理解的英语语言输入，为学生创造语言习得的环境。

虽然我们并不具备儿童习得英语的大语言环境，但在语言学习资源异常丰富的今天，学校和家庭完全可以利用多媒体学习资源为孩子创造语言习得的环境。方法非常简单，就是为孩子提供大量的、符合儿童年龄和认知特点的动画片。动画片提供了大量的、真实的语境，孩子们会基于这些语境习得语音、词汇、语法、交际方式等，这些语言要素和言语技能在成年后需要花大量时间和精力来学习。

语言输入中一个至关重要的因素是输入量。不过据我们了解，目前小学英语课的课时安排是一、二年级每周2节，三年级以后增加为每周3节。这样的课时量是远远不够的，而且低年级不应该比高年级少。习得第二语言时，年龄越小越能将语言与认知世界直接对应。我们应该利用年龄优势，在低年级大量地输入，让孩子建立起英语的思维，尽量实现理解和输出不借助于母语。而现在的做法恰恰相反，英语学习从小学一直持续到大学，但在语言习得的关键期每周仅有两三节课，这是违背语言习得规律的。如果学校对课时有限制，应建议在家庭中通过不间断地输入为孩子创造习得的环境。

小学阶段的英语教学不是“讲”的，也不用讲。学生可以根据画面、情境推测出单词和句子的意思，不需要教师做过多的解释。教师需要做的是学生看过多遍动画片以后，根据情节问一些具体的问题，补充某些不明白的地方，然后再让学生反复看。我国幅员辽阔，地区间的教育水平发展严重不平衡。在一些偏远、经济欠发达的地方整个小学都没有英语课。如果希望这些地区的孩子在语言习得关键期内同样有习得英语的机会，那么即使英语教师不足，通过提供大量的多媒体教学资源，也同样能收到非常好的效果。

2.2 “听”在先，“说、读、写”在后

儿童英语学习必须“听”在先，“说、读、写”在后，不能“听说读写”齐上。反观我们习得母语的过程，哪个孩子不是在接收了大量的语言信息后才开始讲话的？语言输出是在大量的、不间断的语言输入之后发生的，因此习得式的语言教学不能急于求成，要循序渐进，在孩子还没有准备好的时候不要强迫孩子输出。儿童学语言有沉默期，有认读困难，如果在输入还没有达到足够的量时逼着孩子说，会让孩子产生焦虑，从而对英语学习产生厌烦。

在有了一定量的听力输入之后，可以有“说”的

输出。课堂教学中，在学生反复看了多遍，完全理解之后，教师可以尝试组织学生进行表演，让学生扮演他想扮演的角色，把剧情表演一遍，也可以自由发挥。教师在这个过程中，要尽量说动画片里的句子或单词，但也不必过分强调，关键是培养学生的兴趣。在表演的过程中，教师既能体会到学生是否已经彻底理解剧情，也能用这种方式让学生说几句动画片的台词。通过这种方法既检查了理解，也练习了输出。

在打下了很好的"听"和"说"的基础后，可以开始进行"读"和"写"的训练。这种先大量"听"，慢慢开始"说"，再进行"读"和"写"的方式虽然缓慢，但它会为掌握一门语言打下牢固的基础，并且不容易遗忘。而目前普遍的小学英语教学模式正如姚桂招、许敏（2013）所描绘的那样，教师带读，学生跟读，根据课程标准要求的"听说读写"按部就班演示一遍。结果当教师让学生看图片时，学生不能理解和记忆所学单词，大部分只能用汉语说。毋庸讳言，这种传统的教学方法是过时的、低效的。儿童和成人相比具有听说方面的优势，要发挥儿童学外语的优势，就要从听说的角度加大语言的输入。

2.3　采用先进教学方式

"听""说"的教学方法上文已经阐述，这里主要指自然拼读的阅读和拼写教学方法。自然拼读是根据语言发音的自然规则归纳而成的一种有关发音学习的方法。它根据"字母"本身代表的"发音"以及不同"字母组合"的发音，找出相同的音源，进行有条理、有系统的整合，使学生可以通过认读字母及字母组合掌握其所代表的发音。借助自然拼读法，可以训练学生看到一个英语单词，就能读出来；或者想到一个单词，就能按照规律拼写出来。在英国、美国、加拿大、新加坡、香港等国家和地区，自然拼读法是小学英语课程的必修内容。

必须指出，自然拼读的教学一定要建立在学生有了先期听力习得的基础之上。因为我们没有英语作为母语的习得环境，不能一开始就教拼读规则。一般来说，低年级要把重点放在语言输入上，高年级语言输入和自然拼读的阅读、写作并重。针对小学生的年龄特点，自然拼读教学也不能仅仅学习字母读音和拼读规则，或者枯燥地、反复地做练习，而是要通过不断地拼读分级读物，从而将这种拼读转化为自身见词就能读的能力。国外有大量设计合理、内容丰富、符合儿童心理特点的系列英语分级读物教材，我们要让中国的学生充分利用这些教育资源。通过阅读一本本故事书，学生的阅读从词语到整句、到整段，从短篇到长篇，循序渐进，阅读能力慢慢地培养起来。与口语的语言输入一样，书面的语言输入也必须量大。在精读的同时，大量的泛读非常重要，应通过广泛阅读各种题材的英文书籍来深化阅读技巧，提高阅读速度和阅读理解能力。

学生在具备见词能读的能力以后，可以学习一些拼写规则，进而帮助书写。应该摆脱过去那种一个单词反复背很多遍、写很多遍的做法。要在不断地回答问题、写作等形式中培养学生的拼写能力。既要让学生学习一些写作知识，告诉学生如何更好地表达，也要给学生创造各种写作的机会，让学生在不断的写作运用中提高写作能力。

三、英语课与语文课是否冲突

3.1　英语字母与汉语拼音的混淆问题

在2013年11月20日召开的北京市国家教育体制改革试点项目"基础教育课程教材改革实验"结题暨基础教育课改年度交流会上，北京市教育委员会委员、新闻发言人李奕提到，"有老师明确表示，小学低年级又学拼音，又学英文字母会有混淆"。之所以会存在这样的问题，是因为在英语教学中过早地让学生进行书写，"听说读写"齐上。按照前文所说的"听"在先，"说、读、写"在后的教学顺序，小学低年级英语不应进入书写阶段。等到高年级后，学生的汉语拼音已经完全没有问题，英语也可以慢慢进入书写阶段。改变“听说读写”齐上的教学方法后，混淆的问题就不会存在。

3.2 英语课不是负担

长期以来我们的一个简单思维是减负就是要砍掉某些课程，减少课时数，而忽视了教学方式和学习方式这一关键因素，只有“减”的思维而没有“变”的思维。如果能实现教学方式、学习方式的趣味化，原本是负担的课程就会变成乐趣。语言习得关键期的小学生习得外语，完全可以实现教学方式、学习方式的趣味化。没有哪个孩子不喜欢观看动画片，也没有哪个孩子不喜欢听、看有意思的故事书，因此语言习得的道路是轻松愉快、不露痕迹的。学生的兴趣培养得好，英语学习甚至可以作为休息时的调剂。

3.3 母语之外的第二语言习得优势

如前所述，从观念上来说，我们应该把英语从一门课程的学习向第二语言习得转变。儿童在幼年同时习得母语和第二语言，除了语言方面的收获外，还有大脑认知方面的发展。美国加利福尼亚州一个汉英双语沉浸式项目的研究成果显示，双语项目学生的汉语水平明显高于其他学生。双语项目学生在二、三年级时英语和数学成绩不如非双语学生，但到了高年级，双语项目学生的英语和数学都高于非双语项目学生。显然，英汉双语学习不仅促进了学生的汉语学习，也促进了学生的英语和数学学习。另据美国“科技世界报告”网站报道[①]，新加坡研究人员发现，生长在双语环境中的婴儿，在吸收新信息、辨别熟悉物件方面，都比生长在单语环境中的婴儿要强。新加坡国立大学文学暨社会科学院心理学系副教授勒埃辛（Leher Singh）表示，对于成年人来说，学习第二语言或许是痛苦的，因此人们往往会认为幼童和婴儿也会面对同样的困难，但很多研究证明，人们从婴儿时期开始就能很好地学习和掌握双语。同时，生长在双语环境中的婴儿，在上学期间的智商和词汇测试等方面表现也较为突出。

四、语文教育的问题

4.1 阅读量少，阅读材料缺乏科学性

多年来我们的语文教学依然是局限于一本教材，太过强调精读、背诵几篇范文。课外书的阅读还都是“课外”的事。据了解，中国学生的阅读量与世界先进国家的学生相比少得可怜。这种现状不改变，语文教学效果不可能从根本上得到改变。因为编得再好的教材相对于海量的语文阅读材料来说都是沧海一粟，大量的泛读才能滋养良好的语文素养和语文品位。

与阅读量少相关的问题是优秀的阅读材料不多，分级的语文读物基本没有。我们看到英语读物有大量基于词频统计的分级读物，适合哪个学龄段、适合哪个年级都标示得很清楚，学生不仅能据此找到适合自己的阅读材料，而且能大体知道自己的阅读能力在哪个级别上。同时，标准化的阅读测试、词汇量测试也很普及，学校经常会安排这些测试来具体指导每个学生的阅读。相反，我们的语文教育虽然也提倡学生多读课外读物，但倡导之后，基于科学研究之上的怎么读、读什么，学校教育基本上不管，普遍情况就是家长买一堆书，学生“随便读”。

4.2 重文学欣赏，轻语言文字运用

“语文课程的本质是语言文字运用，其目的是培养学生语言文字的运用能力，也即语文能力。”（李宇明、姜丽萍、王帅臣，2014）“语言文字的学习，就理解方面说，是得到一种知识；就运用方面说，是养成一种习惯。这两个方面必须连成一贯。就是说，理解是必要的，但是理解之后必须能够运用；知识是必要的，但是这种知识必须成为习惯。”（叶圣陶，1994：88）

① 摘自环球网2014年9月26日文章，网址：http://health.huanqiu.com/baby/2014-09/5152173.html。

语言文字运用对于小学阶段的学生来说，最重要的应该是能够阅读、理解，之后能做基本的表达。从基本的表达做起，能够将一件事情的事理关系叙述清楚，逻辑关系明确，懂得主次的分别、对比的运用，等等。但纵观我们的小学语文教材，抒情散文、文学的、诗样的语言占了很大的比重，甚至还让学生模仿这些语言来写句子。比如北京师范大学出版社出版的小学二、三年级的语文教材，几乎每个单元的第一篇课文都是抒情性很强的诗歌，例如二年级上册第 13 单元的课文《风》、三年级上册第 1 单元的课文《爱什么颜色》，学生能真正欣赏已经很困难，而课后的作业还要求学生模仿课文续写一节。学生写不出来，由此不免产生对语文的厌烦感和畏惧心理。对比美国小学二、三年级的阅读和写作，大部分都是事理性的记叙文，在写作指导中会告诉学生要确定文章的主要观点和目的、安排细节，以及如何组织文章的开头、中间和结尾，如何提高句子的生动性和表现力等，都非常具体。同时还会学习基本的句子结构和语法知识，并提供不同水平等级的文章样板供学生对比和参考。

如果基本的表达技能没有获得，到了本应该培养高级表达技巧的阶段就依然会犯很多低级错误。例如，在我们的研究生开题报告中会出现这种结构杂糅的句子："王海娟（2007）针对韩国留学生在掌握汉语语气副词的情况做了分析和总结"。当今大学生中存在的表达混乱、语文素养低的现状，与这种缺乏具体指导的基础写作教学有关，与缺乏语文逻辑思维的训练有关。

4.3　长期忽视口头语言表达

我们的小学语文教学注重背诵和朗读，这是很有必要的。背诵和朗读可以帮助学生获得语感，但这还算不上真正意义上的口头语言表达。口头语言表达包括口头组织语言的能力和在公众面前演讲的能力，这是语文能力的重要组成部分。口头语言表达能力是需要逐步培养的，没有几个人是天生的演说家。中国的学生大多羞于在公众面前表达自己，或者发言前言不搭后语，这与我们的语文教育中长期缺乏口头表达的训练密切相关。多进行口头语言表达的训练还有助于学生自信性格的养成，对学生一生的发展都有好处。学校的语文教育中要多安排一些陈述、演讲、辩论等教学内容。

五、结语

在小学教学的课时安排上，语文课是最多的。语文教学效果不理想应从自身找原因，从多方面找原因，怪罪在学英语上实在是一种不负责任、不严肃的做法。英语教学和语文教学自身都做好了，完全可以实现良性的互相促进。要实现这个目标，在英语教学方面要用先进的儿童第二语言习得理论为学生提供一条高效的英语习得之路；在语文教学方面应加强自身基础建设，为学生提供大量优质、科学的阅读材料，注重学生语文逻辑思维和口头语言表达能力的培养。英语教育与母语教育都是我国当前基础教育改革的重大课题，本文仅针对当前的状况阐述一点粗浅的看法，细致的、有学理基础的研究有待今后进一步深入。

参考文献

[1] 桂诗春．"外语要从小学起"质疑 [J]．外语教学与研究，1992（4）．

[2] 桂诗春．我的双语教育 [J]．外国语，2004（1）．

[3] 李宇明．提升国家语言能力的若干思考 [J]．南开语言学刊，2011（1）．

[4] 李宇明、姜丽萍、王帅臣．语用观指导下的语文教育改革整体设计 [J]．语文建设，2014（16）．

[5] 姚桂招、许　敏．教育生态学视角下的小学英语课堂"失衡现象"调查 [J]．教学与管理，2013（11）．

[6] 叶圣陶．略谈学习国文 [A]．叶圣陶教育文集（第 3 卷）[C]．北京：人民教育出版社，1994．

[7] 赵世开．学习外语的漫长道路 [J]．外国语，2002（5）．

[8] 周　琳．日本小学英语教育概况及借鉴思考 [J]．课程·教材·教法，2012（7）．

[9] Lenneberg, E. *Biological Foundations of Language* [M]. New York: John Wiley, 1967.

English Is Not a Stumbling Block to L1 Education

—Discussions on the Education of English and Chinese in Primary Schools

LI Guimei

Faculty of Linguistic Sciences,

Beijing Language and Culture University

Abstract: To discuss whether English is a hindrance to mother tongue (L1) education, this paper elaborates on the ideas and methods revealed in the English and Chinese education in primary schools. The basic idea is that English teaching in primary schools with the advanced theories of second language acquisition can provide a path to efficient English learning; Chinese education should strengthen its own basic construction, provide students with abundant high-quality and scientific reading materials, and pay attention to the cultivation of students' logical thinking and oral language skills.

Keywords: primary school; English teaching; Chinese education; language acquisition

作者简介

李桂梅，北京语言大学语言科学院中国语言政策与标准研究所副研究员，博士。主要研究方向：现代汉语语法、语言教育规划。（通信地址：100083 北京市海淀区学院路 15 号 北京语言大学语言科学院）

国际标准《信息与文献——中文罗马字母拼写法》修订成果发布

由教育部语信司主办、中国语言文字规范标准研究中心承办的国际标准 ISO 7098《信息与文献——中文罗马字母拼写法》修订成果发布会于 5 月 5 日在北京语言大学举行。此次修订的主要内容是将汉语拼音按词连写的规则和汉字拼音转写的自动译音方法引入国际标准中，促进跨语种的信息交换。此次修订是以我为主、把握国际标准主导权的一次有益实践，也是我国文化软实力不断提升的重要体现，将进一步推动汉语拼音走向世界，促进中外文化交流与发展。该标准是汉语拼音在国际上得到认可并推广使用的重要依据，是用以规范国际上汉语拼音使用的统一标准，主要应用于世界各国图书馆、博物馆、国际机构中有关中国人名地名的拼写、图书编目、信息与文献的排序检索等。

该标准最早发布于 1982 年，1991 年做了微调，2011 年我国提出修订建议并通过积极争取获得了由我国主导的标准修订权。修订工作由教育部语言文字信息管理司下设的全国信息与文献标准化技术委员会书面语转写分会牵头，由该领域资深专家对标准进行了全面的修订和完善。

（教育部语言文字信息管理司供稿）

国际组织及国别语言政策

法语拼写规则改革及其启示

许静荣　湖北中医药大学人文学院　北京语言大学语言科学院

[摘　要] 为了简化法语拼写，规范拼写法，法国法兰西学术院于1990年起草并通过了《法语拼写规则校正方案》，并强调将通过一系列非强制推行手段，让这套新的拼写规则能依照语言自身的发展演变规律慢慢被社会所接受。然而，26年之后，当法国教育部拟在2016秋季学期的教材中使用这套方案时，却仍遭到了社会各界的反对。由此我们看到了语言政策的制定与实施，应该考量语言本体、地位、声望和习得几个方面的关系，建立科学民主的运作机制，加强语言舆情的监测与研究，并树立语言服务的观念。

[关键词] 法语拼写规则改革　简化拼写　语言文字规范化　语言政策

一、改革始末

2016年2月4日，法国各大新闻媒体纷纷在显要位置刊发了以“法语拼写规则改革”（reforme de l’orthographe）为主题的文章，声称已从法国教育部2015年11月26日的官方公报[①]中获悉，2016年秋季学期教材的法语拼写将参照1990年公布生效的《法语拼写规则校正方案》（*les rectifications de l’orthographe*，以下简称“校正方案”）。这一举措一旦强制实施，将涉及约2 000词（约占法语总词汇量的3%—4%）的拼写。一时间舆论哗然，网民们纷纷担心法语拼写规则的进一步简化，将加剧全民语文能力的持续下降。推出该校正方案的法国法语最高学术机构法兰西学术院（Académie Française）也成为了人们猛烈批评的对象。

2月5日，法兰西学术院在官方网站上以《法兰西学术院与拼写规则改革》（*Academie Française et la réforme de l’orthographe*）为题回应了各方的质疑，称媒体炒作的“拼写规则改革”绝不是法兰西学术院的初衷。其实，这套“校正方案”早在1990年就由法兰西学术院的法语最高委员会（Conseil Supérieur de la Langue Française）起草完成，并于当年12月6日在官方的《法兰西共和国行政文件》（*journal officiel de la republique française edition des documents administratifs*）上公布生效。法兰西学术院强调，这是一套为了简化法语拼写、剔除冗余、规范部分外来词的拼写规则校正方案，并不涉及法语的核心拼写规则改革。而且还重申，他们实施和推行该校正方案的一贯原则是“反对强制推行”，“官方推荐使用”，“新旧两套拼写规则并行有效”，“力图做到不人为干预语言的自然演变，让时间和社会实践来检验这套新的拼写规则”。（Conseil Supérieur de la Langue Française，1990）

法兰西学术院于2月11日召开会议并于2月16

① 详见Ministère de l’Education Nationale de Enseignement Supérieur et Recherche, Programmes d’enseignement du cycle des apprentissages-fondamentaux (cycle 2), du cycle de consolidation (cycle 3) et du cycle des approfondissements (cycle 4), Bulletin Officiel Spécial n° 11 du 26 novembre 2015.

日发表《法兰西学术院关于拼写规则改革的声明》（*déclaration de l'Académie française sur la «réforme de l'orthographe»*），重申了法兰西学术院反对在教科书中强制性推行拼写校正方案的立场。法兰西学术院终身秘书 Hélène Carrère d'Encausse 在接受《费加罗报》采访时说："修订和维护法语是法兰西学术院近四个世纪以来一直都在做的工作，而且备受民众信任。我记得当时（26 年前）起草这个方案是为法语学习者考量，简化他们的拼写规则学习，但 2016 年的今天，我们却遭遇了如此强烈的抨击，这是因为改革的推行正处于国家教育体系面临坍塌的特殊时期。"（Mohammed Aissaoui，Bruno Corty & Helene Carrère d'Encause，2016）法兰西学术院认为，面对法国学生语文能力普遍下降，近五分之一小学毕业生不会阅读的现状，法国教育部门更应该重新审视教育体制改革，而不是寄希望于推行简化的拼写规则。一时间，拼写规则改不改、怎么改成了困扰法国语言学界、文化教育界以及社会大众的一个问题。

保护法语的纯洁性，提高法语对科学艺术的表达能力和维护法语荣耀是法兰西学术院的立院之本和基本职责，而该院起草这份校正方案的目的也正在于此。众所周知，法语仍然是目前世界上拼写规则最复杂的语言之一，为了解决法语中繁复、冗余、不规范的拼写问题给语言学习者带来的困扰，学术院下属机构法语最高委员会（Conseil Supérieur de la Langue Française）起草并提请学术院审议通过了该校正方案。然而，此校正方案的实施经过了长达 26 年的酝酿之后，在即将付诸教材推行之时，仍然引来了轩然大波。尽管法兰西学术院一再强调"新旧规则并行有效"，"所有规则都只是推荐使用"，但对语言问题一向审慎敏感的法国人还是反应强烈。网上调查显示，83% 的法国网民都反对法语拼写简化。语言纯洁观在法国文化中的根深蒂固由此可见一斑。

二、改革的学术主导机构

法语的拼写规则改革可以说一直都是与法兰西学术院这个机构绑定在一起的。这个著名的机构是法国最高学术机构法兰西学院（Institute de France）下属的五个专业学术院中历史最悠久、地位最高、最具权威的一个。该机构主要致力于维护法语的先进性、纯洁性和至高无上的荣耀以及保护各种艺术形式。维护语言的工作涉及词典编撰、术语规范、新词审定、网络语言的规范、词语滥用的规范、英语外来语的规范、俗语的规范沿袭等。虽然该机构的决定对政府和民众都没有约束力，只是一种参考建议，但它的权威性却一直引导着法语发展的方向。事实上，该机构从 17 世纪以来就一直密切关注法语的演变进化，不断地对法语进行着维护修订，而每一次维护的结果都会以法语词典修订编撰的形式固定下来。法兰西学术院在历史上先后八次修改校订词典，而 1990 年的这套拼写规则校正方案就拟在即将编撰出版的第九版的法语词典中被固定下来。词典编撰委员会称，已经对改革方案中所涉及的约 2 000 个词的各种用法进行了认真考察、审定和协商，预计新词典中共计约有 59 000 个词条的内容需要在拼写上做出校正，并在词典中同时标注传统拼写和最新的拼写。（Académie Française，2016a）法兰西学术院对该拼写规则校正方案持谨慎的态度，长达 26 年的酝酿就是最好的证明。

法兰西学术院主导这次改革的初衷是为了通过简化拼写使法语更好地适应日新月异的社会需求，而且，学术院也认为拼写规则不能通过颁布法令强制执行。学术院反对一切在拼写规则方面强制性的规定，倾向于用"推荐使用"这样的口吻有分寸、有限度地推介这套拼写规则校正方案，认为在任何情况下，新旧两种拼写法都是允许的。（Académie Française, 2016b）法兰西学术院已经给出了该方案后期推广的建议，包括出版拼写法实用指导手册、出版词典和建立学习网站等。（La nouvelle l'orthographe parlons-en，2013）法兰西学术院还声明，该方案的提出按程序经过了多次反复讨论，对新拼写规则的使用，最高立法机构也保留了认可和撤销的权利。

三、改革方案细览与目标分析

3.1 改革方案细览

这次“拼写规则改革”到底改了哪些内容，对法语的影响到底有多大，我们还是从方案本身来分析了解比较直观。根据法兰西学术院官方网站上公布的校正方案，其主要内容大致可以归纳为以下九条细则，分别涉及词汇、语音、语法等几个方面：

（1）数字组合的拼写建议系统地使用连字符。比如：“vingt et un”（二十一）校正为“vingt-et-un”。在旧拼写法中，“soixante et un tiers”既可以表示“六十又三分之一”，又可以表示“三分之六十一”，应用新规则之后，后者就应该写成“soixante-et-un tiers”，与前者的意义由此区别开来，避免了歧义。

（2）去除没有别义作用的连字符，比如部分合成词中间的连字符就将消失。这些合成词包括：含有“contr(e)-”和“entr(e)-”的合成词；含有“extra-”“infra-”“intra-”“ultra-”的合成词；含有学科、科技语素如“hydro-”“socio-”等的合成词；一些拟声词和外来音译词。词典编撰者应优先选用不含连字符的拼写形式。比如：

表 1　法语部分合成词新旧拼写法对比

旧拼写法	新拼写法	意义
contre-appel	contrappel	抗诉
entre-temps	entretemps	同时
extra-terrestre	extraterrestre	外星人
tic-tac	tictac	嘀嗒
week-end	weekend	周末
porte-monnaie	portemonnaie	钱包

（3）规范统一了使用连字符的复合名词的单复数形式。比如，旧拼写法中有单数形式“un après-midi”（一个下午）和复数形式“des après-midi”（几个下午），但在实际使用中复数形式的拼写并不统一，还可加“-s”写成“des après-midis”（几个下午）。而新的拼写法规定，复数形式应统一为加“-s”的形式。

（4）以法语拼写、拼读习惯统一规范外来借词的拼写、拼读规则。如表 2 展示的是三个由英语借入的名词的新旧拼写法对比：

表 2　法语中外来借词新旧拼写法对比

旧拼写法	新拼写法	意义
des matches	des matchs	几场比赛
des misses	des miss	几位小姐
revolver	révolver	左轮手枪

（5）根据拼写应记录实际语音的原则，将部分在语音演变中已经读成开口音或有这一趋势的闭口音规范拼写为开口音。如旧拼写法的“événement”（事件）现在应校正为“évènement”。

（6）去除没有任何作用的长音符。在大多数情况下，“î”和“û”上的长音符已经没有延长发音的作用，也没有别义的作用，使法语学习者徒增识记负担，因此这样的长音符将被省去。比如：“coût”（成本、价格）校正为“cout”。

（7）为便于发音，改变分音符的拼写位置。分音符是添加在元音上表示与相邻的元音分开拼读的符号。移动分音符的位置，目的是要避免朗读时的发音困难和发音错误。比如：把分音符移至“u”上，“aiguë”（尖锐的）校正为“aigüe”，“ambiguïte”（含混不清）校正为“ambigüite”等。

（8）简化拼写，去除重复、不发音的冗余字母。比如，动词的变位形式和派生词中的冗余字母应省略。如以“-eler”和“-eter”结尾的动词，变位后的拼写法将去除冗余字母，如动词“amonceler”（堆积），第一人称单数变位的旧有拼写为“j'amoncelle”，校正后的新拼写法为“j'amoncèle”；它的派生词“amoncellement”也将校正为“amoncèlement”。又如，对于单词中的“-olle”“-otter”，重复的辅音字母改为单写，这些单词的派生词亦做同样处理。比如：

表 3　法语中动词变位形式及派生词新旧拼写法对比

旧拼写法	新拼写法	意义
corolle	corole	花冠
frisotter	frisoter	使稍微卷曲
frisottis	frisotis	微卷的发绺

（9）被动语态中将不再需要做繁复的性和数的配合。

除了以上九条，一些读音与拼写不一致的古怪的拼写法也将取消。比如“nénuphar”（睡莲）将校正为“nénufar”，“oignon”（洋葱）校正为“ognon”。

3.2 改革目标分析

综观法语拼写规则校正方案细则，我们认为此次改革指向了以下六个方面的直接目标：

其一，改革旧拼写法中存在歧义的拼写，通过规范拼写法区分词义。比如数字的拼写。

其二，改革旧拼写法中同家族词汇不一致的拼写法。如同源词在不同变化中拼写不一致、连字符使用不规范、复数变化规则不统一等，寻求整齐划一和规范化，便于学习者规律性地记忆和书写。

其三，简化旧拼写法中复杂、冗余、古怪、与读音不相符的部分。比如，一些不发音的辅音被省写，一些已经没有功能的语音符号被取消，一些古怪的拼写法被取消等。

其四，规范外来借词的拼写规则、读音规则、复数变化规则等，使其更法语化。包括英语在内的外来词汇对法语的冲击不容小觑。方案指出，进入法语的外语词汇，推荐按照法语的拼写习惯拼写；有法语替代词汇的，推荐使用法语词汇，并优先选用法国最原汁原味的用法；外来借词中的合成词应按照法语合成词的构词规则和拼写规则书写；外来词汇的复数变换形式应按法语的复数变化规则来书写。

其五，根据语音的发展演变规律和实际使用情况规范拼写规则。这套改革方案中涉及的由语音变化引起的拼写规则变化较多，体现了拼音文字的特点。比如，分音符号、长音符号等都发生了相应变化。

其六，规范新词的构词规则。如，含有学科、科技语素“hydro-”（水电）、“socio-”（社会）等的合成词要按新构词规则去掉连字符。当今时代新词频出，每年都会有几千个来自经济、科技等前沿领域的新词，这些新词在构词规则上应遵循法语的构词规范。

通过这六个直接目标，我们还可以发现本次拼写法改革的根本目标。这次改革的推行正是因为旧的法语拼写规则在实际语言生活中遇到了困境。改革的目标就其根本而言就是要使法语拼写摆脱这种困境，实现多个方面的良性发展——提高法语学习者的学习效率，减轻记忆负担，优化法语学习者的“用户体验”，以利于法语的对外推广；面对日新月异的知识更新，增强法语表达科学技术、文化艺术等学科知识的能力，与国际通用语言形成良性互动的关系；面对法语自身快速的发展演变，革除旧的拼写形式以适应新的使用要求。

四、争论的焦点

法兰西学术院希望让时间来解决“拼写规则改革”带来的冲击，但随着时间的推移，批评之声却从来没有停止过，这导致改革者的态度变得更为谨慎。综合反对方的观点，问题主要集中在以下几个焦点上：

其一，法国语言文化中一直都有追求繁复、古典的传统，这种意识形态导致几个世纪以来，人们尤其是学院派的知识分子都追捧一句俗语——“古老的拼写法可以把有文化修养的人与粗俗僻陋的人区分开来”。可以说，这正是法国语言纯洁观的另一种表述。所以，当一提到法语或者法语学习的改革时，自然会看到一股由下而上的反对的力量，而来自有文化修养的知识阶层的反对力量尤其大。法国著名的古典文字学教授通过法国国家电视一台发出了慨叹：“我们会因为不容易记住历史日期就修改法国的历史吗？不会。我们都知道摔碎温度计比照顾病人要简单容易得多，如今我们的拼写法改革就是在摔碎温度计，因为我们认为照顾病人——也就是记住那些不规范、繁复的拼写——要比改革难多了。”（Juliette

Deborde, 2016）法国知识阶层之所以会形成这种认识，究其根源，恐怕是认为拼写规则改革破坏了法语的纯洁性。

其二，反对者认为，应该给予充足的时间让新旧拼写法共存，让语言自由地演变、发展、选择、淘汰，而不是人为地去规定它们。特别是在学校教育中，新旧两种拼写规则应同时教授，不应该只教授新的拼写规则。他们担心一些新规则还不会马上进入日常生活的应用之中，同时也有可能被时间证明是错误的选择。

其三，反对者认为新规则不但没有减少拼写的混乱，反而催生了新的混乱。因为新规则的出现，导致增加了很多新的例外，记忆负担有增无减，新规则所带来的新问题让人们更加无所适从。（Juliette Deborde，2016）比如：在去除冗余长音符的大规则下，具有区别意义作用的长音符却要继续保留，否则我们无法区分“dû”（应付给的）、“mûr”（成熟的）、“sûr”（确定的、肯定的）和“du”（应该）、“mur”（墙壁）、“sur”（在……之上）。此外，并非所有的冗余字母都要去除，如，“colle”（胶水）、“folle”（疯狂）、“molle”（软质的）以及以“-otte”形式出现的词，如“botter”“de botte”等都将保持不变；并非所有的带有“-illier”的拼写都将改写为“-iller”，有一些表示树木名称的词语，如“groseillier”（醋栗树）仍保持不变；并非所有复合词组的复数形式都校正为新的拼写法，词组中有大写字母的，如“prie-Dieu”（祈祷台），有冠词存在的，如“trompe-la-mort”（玩命）等也将保持旧拼写法不变，等等。

五、改革的启示

此次法语拼写规则改革长达26年的起起伏伏，让我们看到了语言政策的制定、语言规划的实施是牵一发而动全身的。从这个角度上讲，此次改革给我们带来了丰富的启示。

其一，语言规划中的本体规划与地位规划、声望规划、习得规划都是密不可分的，会相互影响，制定和实施政策时需要互相考量。此次法语拼写规则改革是本体规划的内容，但其规划的目的却是为法语的习得、声望等内容服务的。改革的推行者不考量学校教育中关于语言的习得规划，势必会激起教育界反对的声音。虽然简化拼写照顾了习得感受，但却在语言声望方面触犯了禁区。这些复杂的关系，应该得到法国语言部门的认真研究。

其二，语言文字规范的制定必须建立科学民主的运作机制，在科学研究的基础之上，严格审定，公布程序，广泛讨论征询，维护公民的语言权利。李宇明（2001）指出，语言文字规范标准的制定应处理好刚与柔、学理与俗实、制定与维护、科学性与时效性的关系，而这些关系的处理很可能需要较长的决策周期。法语的拼写法改革，从初衷上讲强调的是官方推荐、绝不强制，主要通过出版发行行业来辅助推行。从2008年以后，出版部门陆续针对普通大众、教师、专业人员及媒体从业人员推出了一系列科普读物、词典手册、理论书籍等，互联网也在其中发挥了良好的推介作用。由此我们看到了法兰西学术院力求遵循语言规律的专业立场，以至于一旦法国教育部打算在教科书中强制推行，他们就会竭力出来阻止，显示了他们按照语言发展演变的规律进行改革的决心。

其三，语言政策的制定与推行，也依赖于语言相关部门对社会语言生活的监测与研究。语言舆情是语言政策制定和推行的基础，法语拼写法改革的推行经历了26年，仍遇到了强烈的反对，这无疑是值得相关部门关注的语言舆情。

最后，语言规划应该积极应对语言问题，为国家和人民做好语言服务。李宇明（2008）认为，语言政策的制定和实施不只是语言本身的问题，还应该视语言服务的功能、领域和对象的不同，为有需求的对象做好相应的语言功能服务和政策规划。若不考虑法国教育部的强制推行措施，法兰西学术院主导的拼写规则改革本身柔性特征非常明显，仅注重在出版、辞书编撰领域率先推行，希望以此来逐步渗透到其他领域，而在教育、行政、公共服务、文化和日常交际等领域均没有直接的推行措施，对于拼写法改革针对的服务对象和去繁就简的意图也是"欲言还羞"。这说明，学术院在改革布局的合理性上还有提升的空间。

当然，这场改革尚在推行之中，我们还不能预言其具体的结果。改革方案最终将以什么方式完成，新的拼写规则所带来的新问题又该如何解决，我们期待着法兰西学术院这个古老的机构再创智慧之举。

参考文献

[1] 李宇明.通用语言文字规范标准的建设[J].语言文字应用,2001(2).

[2] 李宇明.语言功能规划刍议[J].语言文字应用，2008(1).

[3] Académie Française, *L'Académie française et la «réforme de l'orthographe»*, Langue française [EB/OL]. le 5 février 2016 (a).

[4] Académie Française. *Déclaration de l'Académie française sur la «réforme de l'orthographe»* [EB/OL]. le 16 février 2016 (b).

[5] Conseil Supérieur de la Langue Française. *Les rectifications de l'orthographe, Journal officiel de la république française édition des documents administratifs* [Z]. Année 1990-N°100 ISSN 0242-6773, le 6 décembre 1990.

[6] Juliette Deborde, *Reforme de l'orthographe: ce qui change vraiment* [EB/OL]. Liberation, le 4 février 2016.

[7] La nouvelle orthogrqphe parlons-en [EB/OL]. http://www.orthographe-recommandee.info/index.htm,2013.

[8] Mohammed Aissaoui, Bruno Corty, Hélène Carrère d'Encausse. *L'Académie s'oppose à toute réforme de l'orthographe* [EB/OL]. Le Figaro, le 12 février 2016.

Reform of the French Spelling Rules and Its Inspirations

XU Jingrong

College of Humanities,

Hubei University of Chinese Medicine; Faculty of Linguistic Sciences, Beijing Language and Culture University

Abstract: In order to simplify the French spelling and standardize the spelling rules, the French Academy drew up and passed the "French Spelling Correction Scheme" in 1990. They hoped that the new spelling rules would eventually be accepted by the society through natural evolution. However, 26 years passed, when the French Education Ministry announces that it will try out these new spelling rules in school textbooks in fall 2016, it still suffers from ridicule and opposing voices from all kinds of people. It thus shows that the formulation and implementation of language pilicies should take the relationships among language onthology, status, prestige and acquisition into consideration, and that it is necessary to establish a scientific and democratic operation mechanism, strengthen the monitoring and study of public opinions, and establish a sense of language service.

Keywords: reform of the French spelling rules; simplification of spelling; standardization of language and characters; language policy

作者简介

许静荣，湖北中医药大学人文学院讲师，北京语言大学语言科学院博士研究生。主要研究方向：对外汉语教学，语言政策与语言规划。（通信地址：100083 北京市海淀区学院路15号 北京语言大学语言科学院）

《语言规划学研究》征稿启事

《语言规划学研究》是语言规划学学科的重要刊物，内容涉及语言政策与语言规划理论、语言文字规范标准、国际组织及国别语言政策、世界语言教育、中国历代语言规划、语言生活与语言生态等领域的研究成果，旨在为社会语言学、语言规划学等学科的专家学者提供一个学术交流、成果共享的平台。

本刊由教育部主管，北京语言大学主办，国家语委科研基地中国语言文字规范标准研究中心、北京语言大学语言科学院语言政策与标准研究所承办，《语言规划学研究》编辑部编辑，北京语言大学出版社出版发行，一年两期。本刊主编为李宇明教授，编委会由全国该领域著名专家学者组成。

本刊面向国内外征稿，实行同行专家双向匿名审稿制度，确保稿源质量。本刊不收取任何审稿费、版面费，酌付稿酬。欢迎各位专家学者赐稿。

一、稿件范围

本刊欢迎以下各类来稿：

1. 语言规划学的理论研究：语言规划学的新理论、研究方法，语言政策与规划的一般规律，语言规划学学科发展等研究。

2. 语言文字规范标准研究：语言文字标准建设，包括标准的制定及推广；语言文字规范的现状、问题及策略等研究。

3. 国际组织及国别语言政策研究：各时期、各国（地区）的语言政策，联合国及其他国际组织的语言政策，热点国家 / 地区、周边国家 / 地区语言政策等研究。

4. 世界语言教育研究：世界各国的国家通用语语言教育、民族语言教育、外语教育、汉语国际教育政策等研究。

5. 中国历代语言规划研究：中国历代语言政策、规划、标准等研究。

6. 语言生活与生态研究：当今语言生活的热点问题，各领域各行业的语言使用及和谐发展问题等研究。

7. 语言资源保护研究：濒危语言及方言、少数族群使用的语言等各类语言资源保护问题研究。

8. 语言规划学前沿学术动态：语言政策规划与标准建设的前沿理论介绍、最新理论著作评介等。

二、稿件要求

1. 字数：8 000 字左右。

2. 以电子文件形式投稿。

3. 文件类型：WORD（DOC）格式和 PDF 格式各一份，请勿压缩。

4. 文件名格式：“姓名 – 文章名 – 单位名称 – 日期投稿”，例如：“李刚 – 语言政策研究方法探讨 – 北京语言大学语言科学院 -2015-10-09 投稿”。

5. 稿件组成及体例格式见《〈语言规划学研究〉论文格式规范》。稿件正文请勿署名，作者姓名、作者简介、通信地址、电话及电子邮箱地址等请另页给出。正文中应注意避免出现与作者身份有关的信息。

三、稿件评审

本刊按国际学术界惯例实行同行专家双向匿名审稿制度。从收到稿件之日起4个月内，本刊会将具体审稿结果通知投稿人。4个月后如未接到审稿结果通知，投稿人可自行处理。4个月内不可一稿多投，否则后果由投稿人自负。

四、注意事项

1. 本刊只发表作者本人原创且尚未正式发表的学术论文，不转载其他刊物或著作已发表的文稿。

2. 来稿请用电子邮件以附件方式发送至yyghxyj@blcu.edu.cn。书评类稿件请将原书寄送至编辑部，以便专家审阅，原书一律不退。

3. 稿件一旦被本刊备用，文章的著作版权（包括光盘版版权、网络版版权）即属本刊所有，如不能接受请在投稿时说明。

4. 来稿恕不退还，请自留底稿。

五、酬谢方式

稿件一经本刊发表即赠当期刊物2册。酌付稿酬。

六、联系方式

通信地址：北京市海淀区学院路15号，北京语言大学语言科学院语言政策与标准研究所

邮政编码：100083

收 件 人：《语言规划学研究》编辑部

投稿邮箱：yyghxyj@blcu.edu.cn

咨询电话：010-82303265

《语言规划学研究》编辑部

《语言规划学研究》论文格式规范

1. 稿件组成

第一页：中、英文标题。

作者简介（姓名、出生年月、单位、职称、学位、研究方向、主要研究成果）；

作者联系方式（通信地址、固定电话、手机、电子邮箱）。

第二页：论文。

相关内容及其顺序为：中文标题、中文摘要（200 字以内）和中文关键词（3—5 个）、正文、参考文献、英文标题、英文摘要（300 字以内）和英文关键词（3—5 个）、附录（如有）。

2. 体例格式

段落要求：单倍行距，每段首行空两格。

来稿各部分内容格式要求如下：

（1）论文标题、摘要、关键词

■ 中文标题、摘要、关键词

正题：二号黑体，居中。

副标题（可有可无）：三号黑体，居中，前加破折号（——）。

摘要："摘要"小五号黑体，后空一字空，接排摘要正文。摘要正文小五号宋体，居中，左右空 3 字空。

关键词："关键词"小五号黑体，后空一字空。关键词小五号宋体，各词之间空一字空，回行齐"关键词"。

题注：在正题末右上角加星号（*）。题注注文排当页下，与正文之间加一细线。注文小五号宋体，前加星号（*）做注码，后空一格。

■ 英文标题、摘要、关键词（整体位于参考文献后）

正题：二号 Times New Roman，居中，如有副标题，在正题后标冒号（：）。

副标题（可有可无）：三号 Times New Roman，居中。

Abstract："Abstract"小五号 Times New Roman，加粗，后空一格，接排摘要正文。摘要正文小五号 Times New Roman，不加粗，居中，回行齐"Abstract"。

Keywords："Keywords"小五号 Times New Roman，加粗，后空一格，接排关键词。关键词之间标逗号（，），小五号 Times New Roman，不加粗，回行齐"Keywords"。

（2）正文

文章通栏排，五号宋体。

文章分节标题序号：

一级标题：一、二……（五号黑体，居中）

二级标题：1.1、1.2、1.3……（五号黑体，缩进两个字）

三级标题：1.1.1、1.1.2、1.1.3……（五号仿宋，缩进两个字）

以此类推……

（3）例句

例句编号为（1）、（2）、（3）……，全文连续编号（五号楷体）。

如例句较短，可排双栏。

（4）正文引文

正文引文请认真核实，确保无误，并注明出处：

行文中参考文献：李宇明（2005）；朱德熙（1982：96—99）；Leather（1983：204）

括注：单个作者:（李宇明，2005）;（Smith，1985、1991）;

多个作者:（李宇明，2005：92—95；朱德熙，1985：110—115）;（马真、陆俭明，1983：43—47）。

（5）注释

一般注释采用脚注的形式。

正文需注释处的右上方按顺序加注序号①②③……，每页重新编号，小五号宋体。

注文列在当页正文下，正文和脚注之间加一横线，小五号宋体，回行时与上一行注文对齐。

（6）参考文献

正文后附参考文献，注明文中所有引文的出处和所依据文献的版本情况，包括作者的姓、名；出版年；篇名、刊名、刊物的卷号和期号、文章的起止页码；书名、出版地和出版者。

参考文献类型以字母标识：专著 [M]，期刊文章 [J]，论文集 [C]，论文集或专著析出的文章 [A]，报纸文章 [N]，博士和硕士学位论文 [D]，尚未出版之会议论文和研究报告 [R]，标准 [S]，专利 [P]，出处不明的文献 [Z]，数据库 [DB]，计算机程序 [CP]，电子公告 [EB]。

电子文献载体类型标识：磁带 [MT]，磁盘 [DK]，光盘 [CD]，联机网络 [OL]。

电子文献请以 [文献类型标识 / 载体类型标识] 的形式标注，如 [J/OL] 表示网上期刊文章，[C/OL] 表示网上析出文献，[EB/OL] 表示电子公告。

中文文献在前，外文文献在后，连续编号，序号为“[1]、[2]、[3]……”。

中文文献按作者姓氏汉语拼音字母顺序排列，外文文献按作者姓氏字母顺序排列。同一作者不同时期的文献按出版时间的先后顺序排列。网上下载的文献应注明相关网页的网址。

每条文献必须顶格写，换行时空两格。中文文献五号宋体。外文文献用正体且首单词的首字母大写，外文书名和期刊名用斜体且每个实词的首字母均大写，五号 Times New Roman。

■ 中文参考文献请依照下列格式标注（请留意各项之间所使用的标点）：

著作

[1] 陈章太．语言规划研究 [M]．北京：商务印书馆，2005：55-59.

期刊

[2] 李宇明．中国语言生活的时代特征 [J]．中国语文，2012（4）：367-375.

论文集

[3] 周庆生主编．国家、民族与语言——语言政策国别研究 [C]．北京：语文出版社，2003：125-130.

析出文献

[4] 詹伯慧．略论方言研究为方言应用服务问题 [A]．李向玉主编．澳门语言文化研究 [C]．澳门：澳门理工学院出版社，2013：128-134.

学位论文

[5] 林美淑．对韩汉语教学离合词研究 [D]．山东：山东大学博士学位论文，2005.

会议论文

[6] 柯彼德．汉字文化和汉语教学 [C]．第五届国际汉语教学讨论会，北京，1996.

报纸文章

[7] 张健．文化出版“走出去”：汉语教学教材先行一步 [N]．中国社会科学报，2012-09-07（10）.

电子文献

[8] 王明亮．关于中国学术期刊标准化数据库系统工程的进展 [EB/OL]． http: //www.cajcd.edu.cn/ pub/wml.txt/98081-2.html, 1998-08-16/ 1998-10-04.

■ **外文参考文献请依照下列格式标注（请留意各项之间所使用的标点）：**

著作

[9] Searle, J. *Speech Acts* [M]. Cambridge: Cambridge University Press, 1975.

期刊

[10] Collins, A. M. & Loftus, E. F. A Spreading Activation Theory of Semantic Processing [J]. *Psychological Review*, 82(4), 1975: 407-428.

论文集

[11] Hopper, P. (Ed.) *Tense and Aspect: Between Semantics and Pragmatics* [C]. Amsterdam: John Benjamin Company, 1984. 120-125.

析出文献

[12] Grice, H. P. Logic and Conversation [A]. In Peter Cole (Ed.), *Syntax and Semantics: Speech Acts* [C]. New York: Academic Press, 1975. 41-58.（注意论文集书名用斜体。析出文献起止页码可缺省）

学位论文

[13] Yang, Suying. The Aspectual System of Chinese [D]. Unpublished Ph.D. Thesis at University of Victoria, 1995.

会议论文

[14] Jochens, J. Gender Equality in Law: The Case of Medieval Iceland [R]. Paper presented at the 26th Annual Conference of the Center for Medieval and Early Renaissance Studies, Binghamton, NY, 1992.

报纸文章

[15] Mercer, Pamela. U. S. Venture Bets on Colombian Coal [N]. *New York Times*, 27 July 1995: D7.

电子文献

[16] LaPolla, Randy J. Grammaticalization as the Fossilization of Constraints on Interpretation [A/OL]. http://personal.cityu.edu. hk/ctrandy/ GACRT.pdf.

图书在版编目（CIP）数据

语言规划学研究．2016．1 / 李宇明主编．-- 北京：北京语言大学出版社，2016.6
ISBN 978-7-5619-4574-2

Ⅰ．①语…　Ⅱ．①李…　Ⅲ．①语言规划－研究　Ⅳ．①H002

中国版本图书馆 CIP 数据核字（2016）第 159945 号

语言规划学研究 2016.1
YUYAN GUIHUAXUE YANJIU 2016.1

中文编辑：李　炜　解　竹
英文编辑：侯晓娟　孙玉婷
装帧设计：冯志才
排版制作：北京创艺涵文化发展有限公司
责任印制：姜正周

出版发行：北京语言大学出版社
社　　址：北京市海淀区学院路 15 号，100083
网　　址：www.blcup.com
电子信箱：service@blcup.com
电　　话：编辑部　8610-82300207
国内发行　8610-82303650/3591/3648
海外发行　8610-82303365/3080/3668
北语书店　8610-82303653
网购咨询　8610-82303908
印　　刷：北京中科印刷有限公司

版　　次：2016 年 6 月第 1 版　　印　　次：2016 年 6 月第 1 次印刷
开　　本：889 毫米 × 1194 毫米　1/16　　印　　张：5.25
字　　数：168 千字
定　　价：15.00 元